W0251633

AGIR ET PENSER COMME LES ANIMAUX

Direction éditoriale : Stéphane Chabenat
Éditrice : Charlotte Sperber
Conception graphique et mise en pages :
Florence Cailly
Conception de la couverture : MaGwen
Illustrations : Gaëlle Dumay

Les Éditions de **l'Opportun**
16 rue Dupetit-Thouars
75003 Paris

www.editionsopportun.com

Caroline Lepage

AGIR ET PENSER COMME LES ANIMAUX

SOMMAIRE

PRÉFACE

De quoi parle-t-on lorsqu'il est question de nature humaine ? Lorsqu'on vous dit nature, vous pensez peut-être aussitôt ciel, fleurs, rivières, poissons, oiseaux, moutons, montagnes, vaches, chevaux, loups, ours, ou plus simplement chiens ou chats ?

Une question se pose alors : sommes-nous des animaux plus évolués que les autres ? Ou, nous humains, sommes-nous au sommet d'une pyramide qui comporte l'ensemble des animaux, vertébrés ou invertébrés, espèces domestiquées et sauvages ?

On a retenu très jeunes l'idée générale d'un lien de parenté avec les singes, voire même d'une proximité génétique déconcertante et incroyable avec les chimpanzés… Cela dit, il paraît qu'entre nous et les cochons, là aussi… Bref.

Pourtant, nous sommes des bipèdes, debout sur nos deux jambes plus souvent que couchés, allongés sur le ventre, le côté ou le dos : enfin, tout dépend si vous êtes de gros dormeurs ou non. Après tout, une journée fait 24 heures, et certains hommes modernes – et certaines femmes actives – passent plus de temps au lit, au volant de leur voiture puis assis à nouveau dans un mauvais fauteuil au bureau, qu'à marcher pour aller au travail, justement… Ici ou ailleurs, peu importe, nos très lointains ancêtres, enveloppés dans leurs peaux de bêtes, ne connaissaient pas les horaires de bureau. Ils voyaient juste le jour se lever ou la nuit tomber, et la nécessité de trouver de quoi manger – à cueillir, ramasser ou chasser – dès que la faim se faisait sentir, douloureusement dans l'estomac quand il n'y avait plus rien à digérer…

La station assise par terre condamnait alors peut-être les plus flemmards ou les éliminaient d'office du groupe ? Il fallait marcher pour lui, pour soi, pour vivre, pour manger, aller ramasser des graines comestibles – ce qui supposait avoir des connaissances suffisantes pour les identifier –, cueillir des fruits ou chasser, et être bon en course à pied à l'époque des mammouths et autres imposants rhinocéros laineux de l'immense famille des mammifères.

La fuite, à condition d'en avoir l'énergie, est parfois une question de survie. Si les grands mammifères actuels pouvaient parler, ils en auraient sans doute beaucoup à raconter sur les pressions humaines exercées sur leur espèce ou sur les écosystèmes dégradés par l'humanité… On ne peut pas interviewer le kangourou, le lynx, le chien, le chat ou la vache pour qu'ils nous racontent leurs souffrances, ni

les reptiles – le crocodile, le serpent, le varan ou le lézard ! Ce n'est pas une raison pour ne pas nous interroger sur notre propre place au sein de la famille des mammifères au sang chaud, nos points communs, notre évolution ou nos différences avec le camp d'en face, les reptiles au sang froid. D'autant qu'en période de bouleversements climatiques, la planète se réchauffe !
Comment pouvons-nous évoluer ? Risquons-nous de disparaître à notre tour, de mourir de chaud ? Toutes ces questions se posent, même si elles sont dérangeantes, lorsqu'on songe au commencement de la vie, dominée sur Terre il y a très longtemps par d'autres grands vertébrés : les dinosaures. Et sans l'astéroïde tueur tombé dans la péninsule du Yucatan au Mexique il y a 66 millions d'années et ses conséquences cataclysmiques planétaires – le « ménage » chez les dinosaures – de petits mammifères n'auraient peut-être eu ni la place, ni la résistance physique, ni l'intelligence pour prendre le dessus sur le monde.

Dévasté et couvert de cadavres de dinos donc : quand les survivants ont pu commencer à ressortir, les mammifères ont pris le dessus. Oui, seulement, il reste toujours des traces des « disparus », plus souvent géants et lourds que petits et minces – mais aussi intelligents ? – dans… les oiseaux et les reptiles actuels. Autant dire des vestiges de résistance animale au super cataclysme venu de l'espace avec ses dégâts climatiques, volcaniques et océaniques dont nous devrions peut-être nous inspirer d'urgence pour changer et donner enfin une vraie chance à notre espèce de vivre en harmonie avec les autres sur une planète certes surchauffée par 7,55 milliards d'humains en 2017 (contre 1,76 milliard en 1900, 2,52 en 1950 !), mais enfin apaisée et prête à se refroidir pour nous calmer et éviter de connaître l'enfer ou une nouvelle guerre mondiale. Deux, ça suffit... Il faisait peut-être meilleur à 2,52 milliards d'humains sur Terre en 1950 : l'air était peut-être plus respirable et la vie plus agréable pour les humains et les animaux qu'aujourd'hui, sur une planète dont la population humaine a triplé en sept décennies ? Supportera-t-elle les 9 milliards annoncés pour 2050 ? Et nous, pourrons-nous le supporter, pas seulement sur le plan de la température et de la disparition d'espèces animales et végétales, mais aussi sur celui du partage des richesses, du travail, d'Internet, etc. ? Bref, pas de panique : prévenir, c'est guérir.

Revenons-en aux reptiles. Ils sont en effet très différents de nous – les mammifères à poils –, ces lézards au cuir épais plus brillant sans poils et à la locomotion plus sinusoïdale et plus proche de la terre... Serait-il gonflé pour des êtres humains qui apprécient la grâce (plus que la graisse) de reconnaître enfin publiquement que les reptiles sont beaux à regarder dans leur marche fluide, harmonieuse ou leurs mouvements élégants ? Heureusement, tous les mammifères ne se vexent pas comme des poux quand on leur dit qu'ils ont encore des progrès à faire dans leur démarche, pas qu'administrative et pas qu'en France, rassurez-vous... À tel point que sur la vaste échelle de temps que l'on appelle évolution des êtres vivants, complexes – qui se compte en centaines de millions d'années –, on a à peine osé évoquer une quelconque relation, même lointaine, entre nous et les dinosaures ! Alors, les dragons, n'en parlons pas. Sauf peut-être en ce qui concerne le magnifique dragon de mer feuillu d'Australie, encore appelé hippocampe feuille ? Mais il s'agit d'un poisson (et au passage, on sait aussi faire du cuir avec de la peau de poisson, maroquinerie moderne et écologique), un très beau spécimen avec ses nageoires ressemblant à de la dentelle : précisément un membre de la même famille que les hippocampes mouchetés et à museau court, deux espèces vivant en Méditerranée. Hippocampe, du même nom, tiens, que la région profonde du cerveau des mammifères – dont le vôtre et le mien – impliquée dans la mémoire et la navigation dans l'espace...

Bref, nous, mammifères de 1,60 à 1,90 m environ à l'âge adulte, avons au moins un point commun avec ce petit cheval de mer (qui mesure de 2 cm pour le pygmée à 45 cm pour l'hippocampe feuille) : hippocampe, un nom, c'est déjà beaucoup. Mais avec le titanesque *Tyrannosaurus rex* – 13 m de long, 4 m de haut –, on cherche encore... Satané dinosaure ! Il avait pourtant deux petits bras costauds, ce marcheur sur deux pattes ! Disparu, paraît-il il y a 66 millions d'années, à cause de la chute d'un astéroïde ayant provoqué tsunamis, vagues meurtrières sur les continents, éruptions volcaniques, puis plongée dans une longue nuit de cendres et de brouillard n'ayant laissé aucune chance aux dinos à sang froid, pendant que de très rares mammifères primitifs, à sang chaud, parvenaient à se réfugier dans de minuscules planques sous terre pour donner différentes lignées de « bêtes », dont la nôtre… Avouez que c'est ballot, cette affaire de températures des corps et d'environnements bouleversés comme de tailles de refuges qui défavorisait mortellement les uns et pas les autres, non ?

C'est donc grâce à des malins que nous sommes ici, aujourd'hui, vous et moi, soi-disant les rois du monde, au sommet d'une pyramide animale imaginaire, bipèdes super intelligents, théoriquement debout sur nos deux jambes. Enfin moi, pas tellement debout en tant qu'auteure mais assise comme une « flemmarde active et moderne » dans un fauteuil en cuir de quelque chose, en train d'écrire sur mon clavier d'ordinateur. Ma main droite, souris en main, en tremble parfois quand le stylo-plume lui manque mais chut, je ne suis pas Jean d'Ormesson, l'écrivain au stylo ou au crayon de papier selon les disponibilités et les idées… Je ne suis pas non plus le gorille aux membres musclés sorti de la jungle, quelques fines herbes tenues délicatement en main, qui de toute façon ne lira probablement pas ce livre, trop de brume… et encore moins ce tyrannosaure – T-rex pour les intimes – aux cuisses musclées capable d'utiliser ses bras pour garder l'équilibre ou *manu militari,* à coups de griffes, se choper sa ration de protéines (un morceau de viande chez sa proie quoi, vivante ou morte), voire pour s'accrocher fermement à un bout d'amoureux/amoureuse pendant l'acte sexuel. Oui, le rapport est encore très physique au crétacé, devenu au XXIe siècle un sport en chambre par les fins connaisseurs… Un amour étrange un peu comme King Kong empoignant une blonde à New York ou le blond dans la série *Manimal* se transformant en blond justement, ou en animal selon les conditions ou l'état d'urgence, et qui aurait du mal à tomber amoureux dans ces circonstances, forcément. Humain ou animal, mains pour saisir, chasser ou « aimer », pattes antérieures plus agiles que les postérieures pour courir après ou se faire courir après sans se faire attraper pour espérer sauver sa peau ou pas : il faut choisir fissa dans le monde sauvage !

Toutes ces questions, on ne se les pose jamais dans la vraie vie, nous qui habitons des quartiers ou des villes dans lesquelles les cris d'animaux ont disparu depuis longtemps. C'est pourtant dans une jungle de béton que l'humanité joue des coudes chaque matin pour aller travailler et gagner son salaire. Du coup, pour l'argent à toucher en fin de mois et en quantité variable selon le sexe – les hommes continuent de gagner plus que les femmes en 2019 – ça « râle », ça « beugle » dans les transports en commun ou sur les routes embouteillées, à bord des voitures des chauffeurs, messieurs-dames pressés de rejoindre leurs ordinateurs (eux aussi...) pour pouvoir vite rentrer chez eux ensuite cinq, huit, dix ou douze heures plus tard, selon le temps de transport et l'envie de retrouver Chéri/Chérie, les gosses et Internet, encore... Il y a les courses à faire aussi. Et il faut préparer à manger pour tout le monde en plus. Alors, les animaux, les plantes et la nature en règle générale, pas le temps d'y penser ! C'est bête, mais le fric et les clics, d'abord. Et puis, les bestioles, ça ne rapporte rien, alors que le travail, l'informatique, la banque, l'école, le ménage : on se baigne dedans, et puis très vite, on s'y noie même dedans.

Submergés quand soudain, on s'arrête de tourner en rond deux minutes à cause des propos tenus à la télévision dans un « pauvre » reportage filmé par un pigiste peut-être payé au lance-pierre caméra au poing à l'extérieur. Aucun décor en trop dans ces quelques minutes d'images, juste un doux rêveur inconnu en bonnet, pas forcément parisien, ou une écolo végan en écharpe qui déclare ne plus vouloir manger de viande et trouve en plus que les couches de bébé sont trop polluantes : pas son gros caca tout collant, au bébé, sa couche-culotte jetable contaminée aux hydrocarbures, pesticides, perturbateurs endocriniens et autres cochonneries de parfums qui en se dégradant forment des molécules dangereuses responsables d'irritations et allergies aux fesses, peut-être même de nausées, vomissements, ou pire encore quand le petit dort…

Sauf qu'en fait, sur cette question de viande plus ou moins saignante qui revient de plus en plus sur le tapis – et pas juste le week-end dans les bouches des écolos militant pour les lundis anti-viandards – il faut reconnaître que c'est bon, de temps en temps, un sandwich jambon (rose)-beurre ou un épais hamburger bourré de calories avec un cola et des frites engouffré plus vite qu'une cuisse de poulet dorée bien présentée dans son assiette avec quatre haricots verts, une tomate coupée en deux, une poignée de riz et un petit ballon de rouge… La preuve, même le T-rex en avalait de la viande, crue ! Et lui ne vivait pas à une époque où le décor passait son temps à recracher des macro-déchets et des micro-particules d'origine industrielle : précisons ce lien avec l'obésité artificielle de l'humanité qui se cherche encore une intelligence digne de ce nom (parce qu'on n'a pas idée non plus de ce que peut rejeter dans l'atmosphère un volcan en colère, tout naturellement lui…). Quant à bébé, peut-être que s'il n'est pas gavé (de lait) comme une oie destinée à finir en barquette – pardon en ballotin dans les supermarchés à Noël –, juste le foie, et encore si ses lipides bien empaquetés méritent d'être savourés en tartines avec un bon champagne servi en flûte, bébé ne fera plus de caca d'ogre ou tout chiasseux ? C'est peut-être aussi pour ça qu'il pleure souvent : caca dans la couche, mal au ventre ? Du coup, il râle et il sera écolo plus tard quand il sera grand gaillard ce petit-là, nourri au biberon de lait de vache ? Pardon, c'est une fille ? Chouette, elle sauvera peut-être la planète…

Bref, le doux rêveur ou l'écolo bobo filmé par le ou la journaliste reporter d'images (JRI que l'on disait autrefois, avant que chacun/chacune armé/armée de son Smartphone dernier cri, *Facebooké* à mort, s'improvise caméraman de terrain), le type observé quoi pose soudain la question qui tue.

Et toi, si t'étais un animal, tu serais quoi ?

Ouhaou, il fume quoi, le doux rêveur ? Rien. Elle mange quoi, l'écolo de service ? Des galettes bretonnes à la farine de sarrasin et eau : appétissant, hein ! Les crêpes au lait de vache (le bovin qui pète trop de méthane), à la bière et à la farine de blé qui fait aussi gonfler les gaufres ou le pain jusque dans ses plus sublimes alvéoles – on dirait un joli conte sur les poumons des non-fumeurs... –, l'écolo leur a dit adieu depuis longtemps. Elle, elle respire la santé. Elle, elle est végan. V-É-G-A-N, vous dit-on. Ça fait très américain, mais ce n'est pas un gros mot. C'est juste pour dire végétal d'une certaine manière. Les plantes, quoi : et le lait, il l'est, végétal, à base de protéines végétales donc, ou rien ! Café arrosé d'un nuage de lait... d'amande, riz ou noisettes, ou rien ! Des goûts de luxe que de ne pas vouloir faire comme tout le monde et noyer son café au lait animal – la vache – qui coûte si peu cher en grandes surfaces et qui donne du travail aux agriculteurs « overbookés », même dans le commerce équitable ? Alors que du lait végétal – de plantes – dans une boisson également à base de plantes – cacao ou café – quand même, quel caprice !

Imaginez-vous, juste pour voir, deux minutes sur une plantation au Brésil, au Vietnam, en Indonésie, en Colombie ou en Éthiopie, avec une cerise « éventrée » et ses deux grains de café dehors au creux de votre main… Le caféier est une plante tropicale d'Afrique ou d'Asie. Comme le noisetier est un arbre arrosé parfois par la pluie qui pousse peut-être gentiment derrière chez vous ! Dire qu'il suffit d'avoir 80 g de noisettes décortiquées et un litre d'eau pour faire un litre de lait de noisettes, mais que l'agriculteur doit faire inséminer artificiellement une vache de race à viande ou mixte de 500 à 900 kilos puis la nourrir et la faire boire correctement tous les jours pour qu'elle donne naissance à un veau de 45 kilos à allaiter pour obtenir ce précieux lait animal vendu en briques, et ça ne fait toujours bondir personne ? Ou là, dans votre esprit, le vide soudain ? Vous tombez ou planez, au choix. Alors ? « Et toi, si t'étais un animal, tu serais quoi ? » Pas une vache, finalement, quelle vie de chien… Que répondre à ces « fous » d'écolos qui répondent toujours à une question… par une autre question, les insolents ? La dernière fois qu'on vous avait interrogé sur un truc aussi idiot, c'était à l'école, dans la cour. À un âge où les petits camarades sont encore curieux de tout, même de la probabilité de marquer le point aux billes contre le gosse de riches (il y en a toujours un, mais ses parents ne sont pas toujours aussi riches que les autres élèves le croient). Ses billes sont opaques aux reflets miroir, et une simple agate transparente, puis but ! Ou au collège peut-être, de telles interrogations avant d'entrer au gymnase en passant devant les arbres qui servent de décor à la photo de classe… Mais depuis, vous avez vieilli, mûri, perdu cet esprit cul-cul la praline et vos rêves de jeunesse devant votre fiche de paye remplie de chiffres et de tout un tas de sigles seulement compréhensifs par le comptable de la « boîte ». Seul espoir pour vous : gagner plus, toujours plus, que le chiffre en gras tout en bas soit un peu plus important le mois, le trimestre ou l'an prochain (tout dépend de votre ambition et de votre motivation). Alors, lait de vache ou de noisettes, entre nous, il y a plus grave dans la vie…

Alors, vous seriez quel animal, vous : la vache ou l'écureuil ?

Le vide dans la tête, vous l'avez, cette fois, Madame, Monsieur, en pensant à ces écolos et à leur question « à la con » ? Ce noir effrayant comme dans l'espace que l'on devine la nuit en levant les yeux vers ce ciel qui pourrait nous tomber sur la tête (avec la lune et les étoiles), ou nous étouffer complètement de tout son poids… Quoi, l'air ne pèse rien, comme l'eau sur vos épaules quand vous plongez sous la surface de la mer en été ? Vous ne plongez pas, vous n'aimez pas mouiller vos cheveux ? Vous avez raison, l'eau ça mouille et quand elle est très salée, ça fait très mal aux yeux et ça pique beaucoup la peau… Votre imagination vous a-t-elle abandonné peut-être ? Oui, non, mince… Il y a du boulot. Et des gens ont abordé ce problème avant vous, peut-être parce qu'ils n'étaient pas sûrs que l'homme « descende » du singe (et l'astronaute du ciel, de la station spatiale internationale ou de la Lune). On est au moins soulagés de savoir avec certitude que les animaux arboricoles, dont l'écureuil, descendent parfois de leur arbre, pas généalogique…

Réflexions pêle-mêle donc sur nous et eux, eux et nous, les humains, les animaux, pensez-y. « L'homme n'est qu'un animal plus parfait que les autres et qui raisonne mieux » (Napoléon Bonaparte) ; « L'homme est un animal sociable qui déteste ses semblables » (Eugène Delacroix) ; « L'amour est profondément animal : c'est sa beauté » (Rémy de Gourmont) ; « Il est possible de vivre sans se souvenir et de vivre heureux, comme le démontre l'animal, mais il est impossible de vivre sans oublier » (Friedrich Nietzsche) ; « Avec une télécommande et une chasse d'eau, l'homme est un animal sédentaire qui vit heureux » (Bernard Pivot dans *Le Métier de lire*)… OK, Maître Pivot, heureux homme peut-être mais certainement pas sa femme, qui n'est pas une bête comme les autres ! Une dame veut toujours zapper pendant le match de foot, ce terrain vert comme un pré où résonnent parfois comme dans une forêt tropicale des cris primitifs. Où sont les singes ? Les hommes sont-ils plus bêtes que les femmes ? Encore une question étrange qui aurait pu être posée par le rêveur ou la végan (on dirait le nom d'une belle auto… sûrement bientôt électrique) et à laquelle vous saurez peut-être répondre après la lecture de cet ouvrage ? Et si vous chantez « Où sont les femmes ? » en miaulant à la fin, c'est que nous sommes toutes perdues pour l'humanité…

1

L'ALIMENTATION ET LA CUISINE

GOURMANDS COMME LES ABEILLES

« La diligente abeille n'a pas le temps pour la tristesse. »

William Blake

Et même mieux, confiseurs comme les abeilles, gourmands, gourmandes quoi !
Elles qui aspirent le nectar des fleurs avec leur trompe, le stockent dans leur jabot puis le régurgitent à leur retour aux « jeunes », veinards de la colonie : nectar prédigéré par les enzymes de leurs glandes salivaires… En réalité, déjà presque du miel après un passage de maturation dans la ruche où la haute température et une ventilation appropriée de la maison des abeilles concentrent le produit plus ou moins transparent et doré, ou pas du tout. C'est beau ce que font les insectes, mais énergivore aussi car quel boulot ! Et le sucre, s'il est bon pour elles, il est bon pour nous, humains, pas toujours aussi actifs que les abeilles en vol, certes. Évidemment, pas n'importe quel sucre, consommé ou utilisé en « cuisine » n'importe comment : c'est impor-

tant d'avoir quelques notions de chimie de base dans le domaine culinaire, car après tout, nous sommes ce que nous mangeons.
Donc, à retenir par exemple, le lactose fait également partie de la famille des sucres : pourtant cette grosse molécule peut être extraite du lait de vache auquel beaucoup de Français sont intolérants ou allergiques, soit intolérants au lactose lui-même – que l'on retrouve d'ailleurs également dans le lait humain de la mère pour l'allaitement du futur nouveau-né –, soit allergiques aux protéines du lait.

Le lactose est difficile à digérer parce que les enzymes – lactase – doivent utiliser de l'énergie pour casser cette grosse molécule en nutriments – glucose et fructose – plus réduits et plus faciles à absorber pour l'intestin. Or, notre tube digestif très vite ne produit plus ou seulement très peu cette fameuse lactase car la période d'allaitement maternel ne dépasse pas quelques semaines chez le bébé. Ce qui n'empêche pas les industriels du médicament d'employer massivement le lactose comme substance d'enrobage de comprimés et autres « bonbons » que viennent réclamer chaque mois de nombreux malades prêts à patienter des heures assis dans la salle d'attente de leur généraliste, avant de faire la queue des heures à la pharmacie… Allez comprendre !

Les abeilles, elles, n'ont pas le temps de se plaindre aux apiculteurs si elles sont malades. Elles meurent très vite, et les frelons les dévorent ! Du coup, toutes sont d'emblée sportives et ont besoin d'ailleurs d'aller butiner pour se faire des réserves d'énergie. Car des figures qu'elles réalisent en l'air comme une danse au sens de l'orientation collectif qu'il leur faut garder, tout est épuisant dans leur vie. Il leur faut avoir ces sens innés de la trajectoire et de la communication en vol à la manière des pilotes de la Patrouille de France à bord de leurs alpha-jets (sauf qu'eux ont la radio, éventuellement, pour causer), car ils sont vitaux pour l'information et la survie du groupe : où se diriger pour trouver les bonnes fleurs à butiner, avant qu'une sécheresse ou une autre catastrophe – tempêtes, inondations, coups de gel, etc. – les massacre.

En effet, il faut, et c'est de plus en plus vrai au fil du temps et de l'emballement des événements météorologiques extrêmes, une résistance hors norme à ce couple de la nature insectes/végétaux. Sans cette interaction, produire le meilleur des miels afin de voir l'année à venir sans stress devient impossible. Compte tenu des épreuves éventuelles à supporter par l'ensemble des organismes de la colonie – reine, ouvrières, faux bourdons, larves – comme par la végétation majoritairement disponible dans la région – acacia (du genre mimosa), bleuet, sapin des Vosges, châtaignier, tilleul, trèfle, etc., – on peut craindre une

flambée des prix, ou pire, une disparition du miel dans un avenir proche ?
Même la reproduction – sexuée – des plantes à fleurs, mâles ou femelles, est en danger puisqu'elle repose sur l'intervention des vents, des insectes bien sûr mais aussi d'oiseaux et de chauves-souris. Des animaux pollinisateurs essentiels au monde végétal qui ne connaissent pas non plus les salles d'attente pour dénoncer les maladies que leur transmettent les humains : si c'est vrai dans l'autre sens, pourquoi pas dans celui-ci ? Avec l'inquiétant déclin des abeilles en quelques décennies à peine, ce n'est pas seulement le miel, si nourrissant, utile et efficace en cas de maux de gorge, que l'humanité ne pourra plus trouver en magasin et savourer en tartines, gâteaux, pastilles ou tisanes avec du jus de citron, mais aussi les fleurs et leurs couleurs qui disparaîtront un jour. Et par ricochet, les fruits, légumes et céréales !

Il est donc de notre devoir de rester gourmands et de continuer à aimer, travailler, pâtisser le vrai sucre d'origine végétale : pas uniquement le saccharose issu de la photosynthèse dans la canne à sucre ou la betterave sucrière, mais aussi le miel doré des abeilles, voire leur si précieuse gelée royale… Encore appelée lait des abeilles, la gelée royale est produite par les glandes des abeilles nourricières et utilisée pour alimenter les larves dans les tout premiers jours après l'éclosion des œufs ainsi que la reine tout au long de sa vie.

Elle contient majoritairement des protéines, acides aminés, lipides et vitamines (B5 entre autres) quand le miel, lui, est riche en sucres simples : fructose, glucose, maltose, saccharose. Exactement comme les « belles plantes » qui essaient d'attirer les pollinisateurs par leurs couleurs, odeurs et nectar, liquide riche en eau douce donc et en sucres, simples (glucose, fructose) ou complexes (saccharose, maltose).
Dommage que le parfum des fleurs soit de plus en plus altéré par la pollution atmosphérique… C'est un réel problème : car oui, plus il y a de monde sur Terre, plus les activités industrielles des humains génèrent d'émissions de gaz – d'échappement des automobiles, par exemple – transformés en ozone en présence des rayons du soleil. Or, l'été surtout, ils se lient aux molécules odorantes des fleurs et perturbent dangereusement l'odorat très fin des insectes pollinisateurs, probablement des chiens, comme le nôtre d'ailleurs ! Bref, il est urgent de planter des fleurs et de former des jardiniers du dimanche, des professionnels des espaces verts et des paysagistes, si l'on ne veut pas perdre nos abeilles, nos fleurs, nos parfums, nos arbres et nos envies de passer en cuisine pour prendre le temps de préparer de délicieux gâteaux sucrés et subtilement parfumés au chocolat, à la vanille, aux amandes ou à la fleur d'oranger…

Pas seulement par pure gourmandise, j'ajoute volontiers une ou deux cuillères à soupe de miel en cuisine, dans un cake ou même un plat salé à mijoter – cuisse de poulet, magret de canard ou rôti de porc –, ne serait-ce que pour soutenir les efforts des abeilles ! Et j'en mets dans une tasse d'eau, chaude ou froide, avec du jus de citron parce que ce sirop est bon pour la santé, été comme hiver.
Enfin, si j'achète des bonbons au miel, je les sélectionne de qualité ou fabriqués par des artisans qui mentionnent sur l'emballage son origine sur une liste forcément réduite en nombre d'ingrédients.

Plus c'est simple, plus c'est bon.

FRUGIVORES COMME LES CHAUVES-SOURIS

« Un justicier n'est qu'un homme égaré dans une course effrénée vers son autosatisfaction. »

Film *Batman Begins*

Si on vous dit chauve-souris, aussitôt vous avez de grands frissons ! Comte Dracula, vampires au visage blanc sur leur lit de mort, cercueil confortable de jour pour échapper à la nuit et finalement peu inventifs sur le plan culinaire puisque seul le sang les intéresse. Et probablement peu importe la beauté ou le poids de leurs victimes : peu importe le flacon, pourvu qu'on ait l'ivresse ? Le sang...

Ce breuvage est rouge, non pas comme le vin, mais comme celui qui s'écoule lentement dans les tubes de la préleveuse ou du technicien lorsque vous faites don du vôtre à la médecine, pour connaître tout des chiffres à l'instant T de ce qui circule dans un vaisseau de votre bras. Oui mais lequel, droit ou gauche ? Ah, pas de bol si vous avez du diabète en plus – trop de sucres et quoi en faire si vous ne bougez pas assez à part un malaise ? – prenez l'air avant de lire la suite qui pointe du doigt un problème très grave, qui nous concerne tous... Les êtres humains sont trop nombreux sur Terre, comme chaque matin dans les salles d'attente des médecins puis des laboratoires. En revanche, les chauves-souris qui se traînent une sale réputation de suceuses de sang à cause des vampires et de Dracula sont en voie de disparition partout sur la planète ! Même les fans de Batman commencent à s'inquiéter. Certains n'en dorment plus la nuit, et ils ne sont pas forcément chercheurs, médecins, biologistes, agriculteurs ou écolos... Tiens, une question au sujet de Batman : le super-héros a-t-il des tablettes de chocolat et des cuisses « en béton armé » parce qu'il abuse de la viande rouge saignante, de fruits qui filent la diarrhée, ou parce qu'il a abusé des séances de muscu et de la poudre de protéines (de quoi ?) vendue par pot de 1 kilo ? Selon vous, il mange quoi, ce type musclé, masqué ou plutôt casqué jusqu'aux oreilles en forme d'antennes ? Les chauves-souris, elles, en tout cas, sont effectivement gourmandes. Elles aiment les sucreries, et même les petites gâteries... Mais ça, c'est une autre histoire plus ou moins « hot » : quand un couple fait l'amour, tête en bas, il goûte en même temps au sexe oral, bouche sur les parties génitales ; certes dans cette position, la gâterie, c'est du sport, qu'on la préfère salée ou sucrée, tout dépend de son régime ! En effet, toutes les chauves-souris, surtout en Europe, ne sont pas d'assoiffées buveuses de poisseux et visqueux liquide rouge, riche en fer et en hémoglobine... À la boisson de viande, beaucoup préfèrent le sucre des fruits, le fructose (mot finissant en « -ose » comme lactose, le sucre du lait animal vendu en bouteille en grandes surfaces, alors que le fructose est un sucre extrait des végétaux, éventuellement vendu au même endroit, dans un autre rayon, celui des confitures par exemple).

Dans la nature, le fructose provient de « sucreries végétales » qui se cueillent sur les arbres ou se ramassent au sol lorsque les fruits sont plus mûrs, parfois même au point d'en être alcoolisés par la fermentation ! N'allez pas dire ensuite que les chauves-souris sont des alcooliques, et que cette plaie pend au nez des végétariens quand le soleil tape sur la caboche en plein été caniculaire. On n'en sait rien... Par contre, les paysans sont sûrs que les cerises du caféier passionnent les petits mammifères volants qui donnent volontiers un coup de main aux caféiculteurs sur les plantations du Chiapas au Mexique. Certaines sont tant frugivores qu'elles participent naturellement à une agriculture plus durable et écoresponsable : pollinisation de plantes, dispersion de graines, etc. Elles compensent les éventuels problèmes intestinaux posés par l'ingestion de parties de fruits plus ou moins crues et comestibles (noyaux, pépins, peaux, etc.) – surtout les femelles en période d'allaitement –, en buvant davantage d'eau riche en minéraux, voire en léchant la terre afin d'absorber une quantité de substances minérales suffisante à l'organisme pour surmonter cette épreuve de la maternité.

On qualifie ainsi de frugivores tous ces fous et ces folles de sucre qui savent dormir tête en bas et voler tête en haut que sont, par exemple, les espèces de la famille de la roussette – *Flying fox* en anglais[1] – dont les représentants sont présents un peu sur chaque continent et dans les îles. À savoir : toutes les chauves-souris n'ont pas l'air de mignons petits mammifères ailés, velus et non chauves : la preuve, la géante roussette de Malaisie, ou grand renard volant – frugivore dont le nom scientifique est *Pteropus vampyrus* (un comble !) –, peut mesurer jusqu'à 1,70 m. La taille d'un homme, quoi… De Batman peut-être ?

Enfin, sachez que l'un des plus grands services rendus par les chauves-souris aux humains est qu'elles dévorent surtout les moustiques, vecteurs de maladies, bruyants et insupportables mais minuscules bestiaux bourrés de protéines et de… sang. Les femelles piquent, satanés insectes qui essaient de donner vie à leur progéniture qui elle aussi réclamera bientôt son bout de bidoche !

Et vous, sans aller jusqu'à devenir végétarien ou frugivore pour parvenir à vos fins – c'est idiot, puisqu'on vous dit que même les chauves-souris mangent parfois de la viande de la taille d'un dé de jambon de porc –, avez-vous consommé vos cinq fruits et légumes aujourd'hui, comme il est conseillé pour votre santé ?

1. Traduction : renard volant.

À chaque passage en cuisine, malgré ses lignes épurées et design du XXIe siècle, la corbeille en osier ou le beau panier de fruits réussit à me faire de l'œil, pour que je n'oublie pas d'en consommer dans la journée... La tentation est forte, même avec la bouteille en verre au jus à portée de main dans un placard ou au réfrigérateur.
Boire sucré et coloré ne suffit pas, c'est dans le fruit qu'il faut croquer !

ÉMÉTOPHOBES COMME LES CHEVAUX

« Ne changez pas de cheval au milieu de la rivière. »

Abraham Lincoln

L'émétophobie, qu'est-ce que c'est ? La peur de vomir. Les gens informés de leur fragilité intestinale connaissent forcément : les « no glu », intolérants au lactose, allergiques aux protéines de lait de vache, etc. Ils ont fini par vomir un peu, beaucoup avant de dire stop ! Ces hommes et ces femmes ont d'abord souffert certes de gargouillis, ballonnements, nausées et même de douleurs articulaires ou musculaires causés par de nombreuses années d'exposition dans leur alimentation au classique lait de vache ou au gluten (mélange collant de protéines : gliadine et gluténine) présent dans les graines de céréales, surtout le blé industriel utilisé pour faire le pain et les pâtes sèches vendus en supermarché. Le problème, c'est qu'il y a aussi du gluten dans l'orge (bière), le seigle, le kamut, l'avoine ou l'épeautre, plus faciles à trouver en circuit court dans les magasins biologiques. Les amateurs d'équitation, amoureux

des chevaux – et même les parieurs du PMU ! – ne peuvent alors s'empêcher de se poser une question quand on cite ici l'avoine…
Lait d'avoine, ça se tente ou pas, déjà pour un humain intolérant au gluten ? Précisons que le moyen mnémotechnique – SABO (comme le sabot d'un cheval, oui !) pour Seigle, Avoine, Blé, Orge – recommandé pour retenir le nom des principales céréales à risques, n'est pas des plus rassurants sur ce point. Cela dit, il ne mentionne pas non plus le maïs que certains d'entre nous ont pourtant toujours du mal à digérer, alors que celui qui est encore appelé blé d'Inde au Canada est prétendu sans gluten, comme le quinoa, qui est une « pseudo-céréale », et le riz, si consommé en Asie.

Aucun problème donc à boire du lait de riz, d'amande, de noisettes, de soja, etc. Mais alors, *quid* de l'avoine ? Jadis avalée par les chevaux, l'avoine fut rapidement accusée de les exciter et fut ainsi remplacée en partie par de l'orge. Bon appétit, braves canassons ?
La prolamine toxique, celle qui gêne la digestion et de fait même les déplacements des intolérants, dans le blé est la gliadine. Il en existe un peu du même genre dans l'avoine, l'avénine…

Handicapés par leur bête noire comme des vampires buveurs de sang par l'ail, ces intolérants au gluten du blé et très souvent au lactose du lait de vache ont vomi des litres et des litres de nourriture indigeste durant leur enfance. Et même à l'âge adulte, quand ils ont survécu comme par miracle aux éprouvantes et pressurisantes périodes de fêtes chrétiennes assez nombreuses et en fin de compte peu espacées sur le calendrier : Épiphanie en janvier, Chandeleur en février, Pâques en avril, Assomption en août, Toussaint en novembre, Noël en décembre. Et à chacune de ces occasions s'éternisant avec plus ou moins de plaisir gustatif et de stress plus ou moins intense pour le tube digestif, le blé dur et le lait de vache s'invitent plus que d'habitude dans le quotidien… Gluten et lactose dans toutes les recettes, toujours plus grasses et animales, faisant oublier aux Français qu'autrefois, les pauvres se débrouillaient avec de lourds sacs de pommes de terre qu'ils consommaient tous les jours, étaient heureux d'avoir de l'eau et dit-on une orange chacun le 25 décembre. On ne sait s'il s'agit d'une légende ou d'une caricature et s'il faut en rire, en pleurer ou s'imaginer dans le même cas à manger un jour de la purée (au lait d'amande ?), le lendemain des frites, des pommes au four ou des chips à chaque repas, etc.

Ce n'est pas ce que vivent la plupart des Français du XXIe siècle. Ils consomment leurs tartines ou leurs flocons de céréales au petit-déjeuner, leurs morceaux de baguette à la farine de blé dur achetée vite fait au dépôt de pain du quartier. Pardon mais pour atteindre la vraie boulangerie, il faut marcher plus… Et s'ils sont gourmands, ils tremperont même ce pain dans la sauce tomate des pâtes à la bolognaise, essayant d'engouffrer le tout, même sec, avec quelques gorgées de bière au gluten, comme le whisky ! Les mêmes se plaindront de plus en plus au médecin, avec l'âge, du massacre subi par leur corps et leur tête, surtout après des gueules de bois mémorables, avec vomissements en fin d'année : comme dans les cas parfois mortels de comas éthyliques de la jeunesse, empoisonnée ou plutôt noyée par ce trop-plein et si peu savant mélange de liquides infectes, signe qu'il fallait déjà arrêter le massacre à l'adolescence.

Quant au lait de vache, réchauffé au four micro-ondes ou directement sorti froid du frigo, qui ramollit les céréales trempant dans le bol, il ose se cacher encore dans des plats salés en sauce ou gâteaux gorgés de mauvaise crème… Aïe ! Mais tout cela, les intolérants au gluten et au lactose l'ont découvert sur un même parcours du combattant qui les a obligés à quitter provisoirement le parcours vita, cloués à leur lit, non pas d'hôpital mais chez eux, et à la diète pour se relever au plus vite de l'indigestion qui tue les autres à petit feu en société. Pendant que les intolérants/intolérantes gèrent aussi calmement que possible maux de tête, nausées, eczéma, douleurs musculaires, ballonnements, gaz, etc., comment oser s'en plaindre, seul/seule contre tous, sans passer pour rabat-joie dans une famille qui ne croit qu'à moitié ce qui lui semble être du cinéma, et en rien les effets d'une quelconque malbouffe ? Ce n'est quand même pas un pauvre morceau de pain, de viande – de bœuf, nourri à quoi ? – ou un verre de vin qui vont vous tuer, si ?

Pourtant, les cas de « colopathie fonctionnelle », polypes dans les intestins et autres grosses tumeurs du côlon qui ont déjà fait tant de victimes depuis des décennies, continuent de se multiplier en France… Comme les coloscopies, mais ce bref passage, Madame, Monsieur, endormis sur les tables d'op' devant les caméras des gastro-entérologues, est heureusement remboursé par la sécurité sociale… Gastro-entérologue est peut-être un métier d'avenir, comme acteur/actrice, soumis au lit à l'hosto ? À condition que les matelas soient confortables et les chambres d'hôpital climatisées.

Et puis, après tout, les intolérants qui ont compris tout plus tôt que les autres sont soit plus chanceux que les autres – encore que, eux aussi participent à financer le système de santé français, « gratis » pour les malades – soit plus intelligents puisqu'ils ont compris plus tôt que tout le monde qu'il fallait arrêter de manger n'importe quoi et mieux s'occuper de son corps. Ouf, eux éviteront les séances de chimiothérapie qui brûlent tout sur leur passage : un véritable carnage pour les cellules, bonnes ou mauvaises ! Et ils n'auront pas eu à attendre les atroces vomis, chutes de cheveux et teint de cadavre ambulant provoqués par la chimio pour avoir envie de se bouger les fesses et réduire considérablement et définitivement leur consommation de viande, rouge et blanche, de lait de vache et de crème… D'ailleurs, les intolérants à tout cela s'en badigeonnent un peu le visage devant le miroir tous les jours, ou à la plage en été pour rester bronzés !

Tout simplement parce qu'ils ont compris depuis longtemps que les humains ne sont pas des veaux destinés à devenir des bœufs ou des femelles allaitantes toute leur vie. Certes, même les moins instruits d'entre nous auraient dû le réaliser dès la fin des années 1980 quand, sur nos écrans, les pauvres vaches folles tremblaient de trouille avant d'aller mourir en abattoir et après avoir été nourries durant des années aux farines animales, elles, des végétariennes… Mais en même temps, avec les lenteurs administratives, etc. tout le monde ne comprend pas et n'interprète pas les événements à la même vitesse. Question d'alimentation, peut-être et surtout mais d'éducation – vive l'école… – d'accès à l'information et à la culture des populations, etc. Faut-il pour autant cesser d'être carnivore, bouder un steak haché tout tendre avec des frites et du ketchup une fois dans la semaine ou des lasagnes (aux feuilles de riz, sans gluten) à la sauce tomate ou un mince croque-monsieur au jambon-fromage râpé, mieux digéré par les intestins tiède que chaud, comme le café d'ailleurs, pas trop brûlant s'il vous plaît ?

Les intolérants, que les « encore tolérants » qualifient de malades cœliaques selon les termes médicaux, ont donc effectivement assez vomi dans leur vie et gardé en mémoire l'utilité de disposer de bassines et de toilettes jamais loin. Ils mangent peut-être peu, ont souvent faim dans un monde encore inadapté à cette prise de conscience et de fait, sont justement gourmands et aiment préparer de bons plats et gâteaux pendant que les autres se gavent encore de nourriture industrielle.

Est-ce à dire que ces intolérants sont émétophobes parce qu'ils ont abandonné les produits à base de blé et n'achètent pas n'importe quoi, privilégient les laits végétaux et « farines de petites graines » (amandes, noisettes, sarrasin, soja, pois cassés, pois chiches, lentilles) pour cuisiner ? Ils ne veulent plus vomir, c'est fini. Ils ont assez donné. Ils refusent de dévorer comme des ogres, et de finir obèses condamnés à 40 ans par ce fléau de la malbouffe de l'humanité. Plus végétariens que carnivores, les intolérants ? OK !
Comme les chevaux d'ailleurs qui le sont complètement en théorie. Sauf s'ils ont le malheur d'avoir pour propriétaires des inconscients qui leur font avaler n'importe quelle pâtée… Ce n'est hélas pas le cheval qui va faire les courses au galop à Carrefour®, Auchan®, Jardiland®, ou ailleurs pour celui ou celle qui a eu les moyens de se l'acheter, et surtout de le garder en écurie. Tout le monde ne gagne pas tant d'argent pour se permettre d'être propriétaire d'un Crin-

Blanc ou d'un Tornado, et surtout tout le monde ne sait pas murmurer à l'oreille des chevaux pour entendre leurs mots de satisfaction, de gratitude ou de colère…

Alors, il paraît que le « dada » aime les pommes par exemple, et mange de l'orge ou de l'avoine, ou plus basique encore, l'herbe verte qu'il trouve dans le pré voisin de celui des vaches dans sa campagne perdue ! Seulement, ce sort enviable concerne d'abord le canasson épais, rustique, qui a le droit de vivre tranquillement en pleine nature, pas le fin cheval de compétition filmé au galop, jockey sur le dos, obligé à tout prix d'éviter la fracture pour finir la saison et faire gagner les parieurs devant leur télévision.

Au-delà des performances que l'on exige de ce coureur superbe et incroyable, que l'on voudrait encore sauvage et libre comme un mustang, le cheval a de bonnes raisons d'être végétarien et émétophobe. Parce que si lui vomit, il en meurt ! Comme dans la triste chanson du petit cheval blanc de Georges Brassens (1972)… L'anatomie de son tube digestif et le faible volume de son estomac – une poche de muscles très puissants à l'entrée en forme d'anneau – refusent les vomissements : les retours en arrière du bol alimentaire si vous préférez. En cas d'excès de « bouffe », comme de tube digestif malmené, il y a risques de déchirure, colique et décès.

Voilà, voilà pourquoi le gavage n'est pas pensable pour un cheval… Il doit éviter les repas lourds et s'alimenter lors de pauses légères régulières dans la journée qui lui laissent le temps, entre, de galoper ou de trotter.

Finalement, tout le monde devrait être émétophobe, pas seulement les parents des « intolérants alimentaires » ou le personnel soignant hospitalier qui ramasse souvent le vomi des gens arrivés là pour coma éthylique, cancer du côlon ou chimiothérapie. Peu importe, même combat pour tous : je me remets au sport – au trot ou au galop – mange à ma juste faim, et puis c'est tout, sans excès !

RÉSISTANTS AU FROID COMME LES BALEINES FRANCHES ET LES BÉLUGAS

« Car cannibale, qui ne l'est pas ? Je vous le dis, en vérité, au jour du Jugement il y aura plus de pardon pour le Fidjien qui aura mis au saloir, dans sa cave, un maigre missionnaire en prévision des jours de famine, que pour toi... »

Moby Dick

Dans le Grand Nord, sous la surface des eaux de l'Arctique, il faut avoir le cœur accroché pour slalomer entre les icebergs dont il est coutume de dire que la face cachée est bien plus grande au-dessous de la surface qu'au-dessus. Rapport 90 % du volume invisibles en bas contre 10 visibles en haut, par les navigateurs, inversement bien sûr pour ces plongeurs de cétacés ! Quant aux pollutions chimiques, le plus souvent invisibles elles aussi, en Arctique, elles peuvent faire froid dans le dos – aïe – même avec un gilet de sauvetage sur « l'anorak ». Comme partout, mais avec plus ou moins de rapidité et de concentration, les substances toxiques arrivent transportées par les courants d'air dans le ciel ou marins dans l'eau, puis sont piégées dans les glaces où elles s'accumulent avant d'être libérées progressivement lors de hausses de température, progressives ou brutales. Processus qui peut prendre dans l'ensemble – on le comprend à l'échelle d'une vie humaine – plus d'un siècle comme moins d'une décennie selon l'état, le peuplement de la planète et son activité dessus… Brrr !

Et pourtant, si les navires de croisière commencent à s'aventurer dans cette région du pôle Nord avec de nombreux touristes à leur bord – quand le Titanic, lui, juste à cause d'un malheureux iceberg à la dérive, avait coulé le 15 avril 1912 plus au sud, au large de Terre-Neuve, sombrant avec 68 % de ses passagers –, des mammifères à peau glabre ou à fourrure plongent plus ou moins régulièrement dans l'eau très froide plus d'un siècle plus tard. Il y a entre autres les emblématiques morses, phoques et ours polaires, obligatoirement nageurs condamnés à s'améliorer en résistance thermique et natation. Ils sont peut-être gras, grands et costauds mais en première ligne face à la fonte de la banquise et des glaciers qui s'accélère à cause du réchauffement global de la planète…

L'amélioration des performances dans ce grand bain dans de telles conditions est peut-être moins urgente pour ceux qui n'ont pas la possibilité de sortir de l'eau sombre. Ils doivent simplement venir respirer souvent en surface avant de redescendre en apnée. Ce sont les cétacés à dents, prédateurs de passage ou franchement du cru – orques, narvals encore appelés licornes, bélugas surnommés, eux, canaris des mers – ou plus grands, les cétacés à fanons qui filtrent l'eau pour en extraire du zooplancton, les baleines, dont la massive baleine franche.

Comment font-ils pour supporter leurs effrayantes conditions de vie, sans finir congelés, dans ce paradis aux allures d'enfer blanc ? Vous pensez en cet instant à vos baignades en Méditerranée de juin à septembre quand la température de l'eau varie, allez, entre 17 et 25 °C ? Quand votre corps à 37 °C, lui, encaisse cette baignade tempérée avec plus ou moins de bonheur – pas plus d'un petit quart d'heure d'ailleurs pour les plus frileux, ou les moins motivés. Parce que nager, même la brasse, c'est du sport ! Alors en crawl, ou plonger la tête sous l'eau, n'en parlons pas : même pas en rêve. D'ailleurs, vous n'êtes même jamais allé en vacances dans le Nord parce que « c'est le Noooooord » comme l'explique très bien Michel Galabru : trop froid pour vous. Surtout que vous pouvez en tournant un robinet tremper votre carcasse toute l'année dans votre baignoire dans une eau à 37 °C si ça vous chante… Pour

votre information, elle est à 39 dans le spa du Lagon Bleu en Islande, cadeau de cette île aux 130 volcans actifs ou inactifs.
Oui, mais les Ch'tis comme les cétacés en Arctique (les manchots sont des oiseaux de l'Antarctique, de l'autre côté du globe) sont supposés grelotter dans leur flotte froide toute l'année et semblent heureux quand même de leur sort. Quel mystère pour des Français… Sont-ils fous ou êtes-vous trop « chochottes », pas assez résistants ou mal équipés, pour supporter l'épreuve de la baignade et de la respiration dans ces environnements froids ? Dire qu'il y a peut-être des Français et des Françaises qui se lavent les cheveux à l'eau froide (remarquez, peut-être que leur nature, leur kératine ou leur cuir chevelu préfèrent être « mouillés au frais » et pas ébouillantés d'un seul coup ?)… Sans parler des malchanceux habitant à l'année des stations balnéaires des côtes atlantique et méditerranéenne qui ont plus de chance de se rincer le corps tout entier à l'eau salée – ou en tout cas, moins douce que dans le Puy-de-Dôme ou les Alpes –, surtout en périodes de vacances scolaires, quand ces villes sont sous une plus forte pression démographique. Le sel, ça relève les plats, mais ça pique la peau.

Pourtant, l'ours blanc qui ne vit pas dans une mer fermée s'accommode de la salinité de l'Arctique. Pourvu que le réchauffement climatique ne perturbe pas trop violemment les courants sous-marins sinon, qui sait s'il ne pourrait pas finir avec une vilaine calvitie, voire complètement à poil, et peut-être même noir, tout bronzé ? En attendant, il peut encore faire sa toilette à l'eau froide, même lorsqu'il a malheureusement à patauger dans la boue de glaciers qui fondent aussi en Alaska. Après tout, c'est vrai, pourquoi la mer de Glace et le Mont-Blanc, plus fréquentés par les humains certes, seraient les seuls à être médiatisés sur ce coup-là ? Bref, dans ces conditions et question « tifs », le grand mammifère blanc est fourni tel un yéti, avec une jolie densité de poils et probablement certains plus imperméables que d'autres selon les régions de son anatomie. Et vous, à quand le plongeon froid d'automne, pire de décembre en attendant les fêtes de Noël ou le traditionnel bain du 1er janvier sur les côtes atlantiques ? Peut-être quand vous aurez pris conscience que l'obésité est le poison mortel pour l'humanité qui arrive encore à se traîner sur quelques terres émergées de la planète bleue ?

Et non, le phoque, l'ours polaire, le béluga, la baleine ne sont pas gros, ils sont juste « enrobés »... « Enveloppés » serait le terme le plus approprié. Car il faut du « bon gras de réserve » autour de l'os pour supporter le froid et avoir l'endurance musculaire qui s'acquiert avec l'entraînement, l'âge aussi. L'accumulation sage de bonne graisse n'entravant pas la liberté et la fluidité de mouvements en milieux liquide et terrestre peut alors être utilisée comme isolant permanent autour du squelette et sous une peau résistante pour approvisionner les muscles avec régularité, même en apnée malgré l'effort que la nage demande sous la surface. Heureusement pour vous, inutile d'être apnéiste, chasseur ou filtreur, pour respirer avant d'aller récupérer de quoi manger suffisamment pour faire bouger votre « carcasse », à l'image de la baleine franche noire d'Atlantique Nord, franche jusque dans son nom latin – *Eubalaena glacialis* – décrite en 1776 par le danois zoologiste Otto Friedrich Müller, en voie d'extinction depuis… Comme sa nourriture : du zooplancton riche en protéines et acides gras oméga-3 que la baleine à fanons avale en filtrant l'eau par la bouche : un véritable balai, cette bête ! Elle se nourrit pourtant de crevettes toutes petites (appelées *Calanus finmarchicus*) pour supporter gentiment ses 55 tonnes et 15 m de long – si la baleine franche a échappé elle-même à une mort anticipée au harpon – pendant plus d'un siècle, deux pour sa cousine boréale du Groenland *(Balaena mysticetus)*… Quant au canari des mers, au cou et à la bouche étonnamment flexibles, qui peut croiser ces géants sous-marins, lui entretient ses bavardages et son épaisse couche de lard grâce à un généreux régime de saumons, harengs, calamars, pieuvres, crabes, etc. Un « léger » viandard blanc de 6 m et de 1 à 1,5 tonne, à peine plus grand que le narval, unicorne, noir, qui brûle ses calories en chantant mieux que tout le monde sous la banquise…

Pour survivre aux changements climatiques, allons-nous devoir nous laver à l'eau froide ? Et modifier sérieusement les sources de protéines et de lipides contenus dans les aliments apportés chaque jour à notre métabolisme ? Jusqu'ici, reconnaissons qu'elles provenaient majoritairement des bêtes : protéines animales de viande rouge ou blanche, lipides animaux du lait, des yaourts bien crémeux et des fromages. Grosso modo en France : veaux, vaches, cochons et poulets ! Aux olives dans le Sud... Et bien sûr, pain, pâtes, gâteaux au blé pour les glucides. Mais, allez, bon sang, reconnaissez que vous n'avez pas été élevés, ni même été mis en appétit durant votre enfance, par des plats qui pourtant vous auraient gardés en bonne santé et filé « la patate » : plats mijotés, crêpes, pâtes à pizza, soupes, purées ou boissons, au sarrasin, pois chiches, soja, lentilles, riz, amandes, noisettes, cacahuètes ! Tous gorgés de « fins » lipides et glucides végétaux, et de protéines végétales. À vrai dire, chez nous, on ne s'est jamais embarrassés d'une telle distinction entre animaux et végétaux, même devant un bol de lait. On criait seulement « au régime » quand le corps tombait de ses blessures (pour ne pas dire de ses fractures) à cause de ces mauvais traitements répétés dès le pis de la vache dans l'étable… Alors qu'un noisetier sauvage poussé en lisière de forêt qui n'a jamais connu d'épandages de produits chimiques, ça donne déjà un peu plus envie de sourire, et de courir !

Soit nous devrons abandonner les mauvais fruits et légumes récoltés grâce à l'usage intensif de pesticides et d'engrais pour nous concentrer sur des produits bio plus rares et plus chers et des huiles riches en acides gras oméga-3, même provenant de la mer : poissons, crustacés, coquillages… Ou alors, plus simplement et plus rapide, puisqu'il nous faut du gras pour lutter contre le froid et rester endurant dans ces conditions, nous investissons dans un appareil à raclette et des combinaisons de plongée (ou de ski) ? Histoire d'avoir des réserves et de la motivation parce que rien ne vaut 5 ou 6 tranches de vieux fromage fondu sur des pommes de terre tièdes avec une tranche de jambon et des cornichons (arrosées d'un verre ou deux de vin pétillant) avant de songer très sérieusement à aller se jeter dans l'eau froide, pas seulement

avec les givrés du 1er janvier ou les grands cétacés, quand les autres comatent année après année plusieurs fois par semaine dans leur bain de plus en plus chaud.

CE QU'IL FAUT RETENIR DE NOS AMIES LES BÊTES

Pour l'alimentation et la cuisine

- Je suis gourmand/gourmande et j'ajoute volontiers du miel de qualité dans mes petits plats. C'est bon en goût et pour ma santé.

- Je consomme plus de fruits tous les jours.

- Je me remets au sport, et je mange à ma faim et surtout sans excès.

- Je mange de bonnes graisses pour devenir plus résistant au froid et passer l'hiver plus sereinement.

2

ORIENTATION ET MOTIVATION

VISIBLES DANS LE DÉCOR COMME LES VACHES

« La vache a deux estomacs :
un pour tout de suite, un pour plus tard. »

Bernard Haller

On peut être intolérant au lactose du lait de vache, ne boire que du lait d'origine végétale, consommer de la viande rouge peut-être une fois par semaine et pourtant aimer voir les vaches dans le décor. Il faut avoir eu le bonheur de randonner sur les chemins de campagne pour comprendre ce que signifie d'apercevoir même au loin la silhouette trapue et blanche sur un fond vert – une colline d'herbes fraîches, ou juste à l'orée du bois – de l'un de ces ruminants géants, la robe magnifiquement tachetée de noir ou de brun… Ah, quel animal, et qui s'approche volontiers si l'on fait le premier pas en restant sagement derrière les fils barbelés !

Et ne le répétez pas, mais c'est aussi dans la prairie pâturée par les vaches ou les chevaux – il faut croire que les bouses ne font pas qu'attirer les mouches – que pousse en colonies en automne un beau champignon du nom d'agaric champêtre, ou rosé des prés (anciennement souris-rose) proche de celui de Paris, et comestible comme le savent les mycologues connaisseurs. Au passage, le champignon ne fait pas partie des plantes, mais les végétariens comme les « viandards » savent le marier à toutes les sauces en cuisine. Et les meilleurs poussent en forêt au ras du sol ou sur les troncs d'arbres lorsque la pluie a suffisamment arrosé le bois dans l'année, ou complètement sous terre pour la fameuse truffe noire du Périgord que les chiens ou cochons expérimentés repèrent au pied d'arbres truffiers : chênes, noisetiers, tilleuls, etc.

Et si les habitants de villes trop bétonnées peuvent parcourir des centaines de kilomètres pour se presser chaque année au salon de l'agriculture où s'affichent les plus beaux spécimens bovins, c'est bien la preuve de l'intérêt des Français pour les animaux d'élevage ! Dans la promiscuité, ils sont encore venus en masse admirer l'égérie de l'édition 2019 : Imminence, une rustique Bleue du Nord qui vit dans un troupeau d'une centaine de vaches de 700 kilos, chacune pouvant produire 5 000 litres de lait par an. Sa race a d'ailleurs eu chaud puisqu'elle a failli disparaître lors de la Première puis de la Seconde Guerre mondiale.

On ne sait pas si les champignons auront chaud comme les animaux dans les prés ou dans les bois à cause du changement climatique, mais peut-être faut-il commencer à

s'inquiéter de tout cela et à dépasser les beaux clichés de l'émission *L'amour est dans le pré*, sur M6. Qui continue de cartonner depuis des années, réchauffement de la planète ou pas.
On y admire les vaches bien visibles dans le décor. Et elles sont toujours aussi parfaites dans ce rôle, à l'écran, que le fut Marguerite au côté de Fernandel sur l'affiche de cinéma en décembre 1959 à la sortie du film franco-italien *La Vache et le prisonnier*. La bête est plus importante que les fusils et les canons dans cette histoire qui se déroule en 1943 et qui donne à Charles Bailly, un prisonnier de guerre, le prétexte pour s'évader « en douce » d'Allemagne avec la vache et le seau de lait… Une vache qui a encore fait des merveilles des années plus tard, collier et cloche au cou dans les Alpes, lorsqu'il s'agissait de vendre du délicieux chocolat aux petits gourmands comme aux grands, chocolat au lait d'origine animale. Évidemment, ajoutez un ingrédient végétal à la recette – des éclats de noisettes ou d'amandes par exemple – et ce drôle de mix' sème la zizanie dans les codes publicitaires de la marque et dans l'esprit des clients. Imaginez à Noël ou à Pâques quand il faut passer en mode chocolatier industriel qui produit les pères Noël et les œufs « vaches » à la chaîne… Si vous voyez le tableau, vous comprenez l'importance de la couleur (violet) et la police du logo de la marque. Et déjà vous vous interrogez : comment peut-elle évoluer avec les intolérances ali-

mentaires, les goûts ou les demandes des consommateurs qui veulent désormais acheter et manger bio en magasin, voire, petits et grands, se régaler de chocolat au lait végétal (aux noisettes ou aux amandes) et pas seulement à Pâques ou à Noël ? Un vrai défi industriel, et heureusement cette question ne concerne pas les fromagers, meuh…

Les vaches sont plutôt mignonnes à la télévision ou au cinéma, à condition qu'elles permettent de faire apparaître nettement le détachement entre le vert pré et le ciel bleu sous un soleil honnête. Le fait qu'elles soient des mammifères présents dans nos régions qui se sont vidées de leurs mammifères sauvages il y a longtemps a quelque chose de rassurant. Porter des vêtements en cuir aussi, mais pas pour tout le monde en général… Ceux qui ne mangent pas la viande des animaux n'imaginent pas porter leur peau, et pensent encore moins au travail que cela représente que de cuire, concevoir, découper, étirer et coudre des sacs, valises, blousons, pantalons, chaussures dans cette matière si difficile à manier. Mais comme nous tous, ils sont probablement heureux de constater que s'il y a des mouches autour des bouses de vaches et de chevaux dans les prés, c'est qu'il y a encore des marguerites, d'autres fleurs, qui font

de la résistance et peut-être pas loin des mûriers sauvages qui attirent encore les abeilles ? Tout n'est pas perdu dans ce monde trop informatisé ou trop bétonné : il reste l'espoir caché dans la solidité du bovin, son regard parfois pas loin de porter notre humanité – dans toute sa beauté ou toute son horreur – et le contraste des couleurs des taches sur sa peau... Ou la nôtre, habillée de cuir, de la tête aux pieds parfois, pourquoi pas, nous, les mammifères visibles en ville comme à la campagne.

NEC PLUS ULTRA COMME LES ÉLÉPHANTS

« L'éléphant repartir : quoi, vous ne savez pas que le rhinocéros me dispute le pas ? »

L'éléphant et le singe de Jupiter, Jean de La Fontaine

On a beau penser qu'ils prennent de la place, seuls ou en troupeau et qu'ils peuvent tout casser sur leur passage, ne dit-on pas « comme un éléphant dans un magasin de porcelaine » à propos d'un maladroit ou d'une personne dans une situation délicate ? Déjà, sur cette simple interprétation ou traduction de l'expression, cela va jaser. En même temps, un cornet dans l'est de la France désigne un sachet en plastique alors que partout ailleurs, il s'agit d'un cornet de glace… Une gaufrette en forme de cône à la farine de blé supposée accueillir, le plus souvent, une boule de crème froide qui dégouline très vite le long des doigts quand il fait très chaud en été : moins de risque de ce côté-là peut-être avec le plus rafraîchissant sorbet ?

Bref, l'éléphant est toujours représenté avec un imposant popotin, parfois avec un élégant oiseau sur le dos le débarrassant peut-être d'encombrants insectes ? Cela dit, il existait autrefois une chaîne de magasins qui s'appelait Mammouth – sous-entendu laineux – et à présent, Auchan® attire les clients avec un délicat sigle ornithologique comme si l'on craignait de voir disparaître les petits piafs de nos paysages (certains se glissent parfois à l'intérieur des magasins, surtout au-dessus des rayons fruits et légumes peut-être juste pour dire merci au public à l'écoute ?). C'est hélas la vérité : un tiers des populations d'oiseaux a disparu des campagnes françaises en 15 ans. Et un pic de déclin a même été atteint en 2008-2009 lors d'une flambée des cours du blé et d'une reprise ensuite de l'usage d'insecticides persistants, dont les fameux néonicotinoïdes accusés d'avoir abattu les abeilles depuis et tant d'autres insectes utiles à l'ensemble de la biodiversité végétale et animale… Alors, Mammouth n'est plus, peut-être tombé sous les balles d'une guerre commerciale dont les consommateurs ignorent tout, mais Auchan® continue de vendre des fruits et légumes près des produits à base de blé, pain et pâtisseries, que viennent peut-être picorer les oiseaux la nuit quand les clients sont partis ? Et de l'autre côté de la Méditerranée, très au sud, de petits animaux à plume continuent de se poser délicatement sur le dos du pachyderme qui pourrait tout faire péter d'un simple mouvement dans une grande surface…

L'éléphant d'Afrique, chargeant volontiers le rhinocéros, est pourtant à l'aise dans la savane où, de sa trompe, il manie la branche comme un as de la baguette en bois. Même si la végétation, de plus en plus sèche avec les saisons perturbées partout par le réchauffement global de la planète, risque de se raréfier avec l'eau et les ressources alimentaires… Éléphant qui, en 1941 déjà, trouvait plus difficilement sa place dans un train et un cirque en Amérique où Disney mettait en scène, parmi des femelles et une foule hystérique, un adorable Dumbo apprenant à manier la plume et à voler pour rapporter beaucoup d'argent à son propriétaire comme un monstre à une foire ! Peut-être une vague référence à la véritable histoire à la fin du XIXe siècle à Londres d'un homme très déformé par une maladie, John Merrick surnommé « Elephant man », et racontée dans les mémoires d'un chirurgien, le Dr Frederick Treves ?
Plus petit même au niveau des oreilles – ses « parasols de tête » sous le soleil – que son cousin d'Afrique, l'éléphant d'Asie se promène plus souvent à l'ombre en forêt tropicale humide, un territoire en guerre d'ailleurs contre une espèce végétale d'origine africaine : le palmier à huile *(Elaeis guineensis)* ! Celui-ci est, entre autres, employé en masse pour produire une pâte à tartiner très appréciée en France mais énormément plus riche en sucres qu'en lait animal écrémé, cacao et noisettes…

La vie pour le géant mammifère végétarien semblait être moins chaotique dans les « sixties », à en croire la représentation du défilé ordonné d'une patrouille d'éléphants sous les yeux du jeune Mowgli. La scène se passe dans *Le Livre de la jungle*, long métrage des studios Disney, sorti en 1967 et adapté de l'ouvrage (1894) de l'écrivain Rudyard Kipling, né à Bombay.

Et c'est toujours du côté du pays des Maharadjahs, des royaumes, des temples et des volcans, que les éléphants, qui ne trompent peut-être personne, permettent à des touristes moins balourds qu'eux de s'offrir des treks à dos d'animaux dans des décors somptueux de Bali... Heureusement, les herbivores ont les pattes épaisses et un nez – pardon – une trompe, agile, musclée et longue comme un bras de presque 100 kilos (soutenue à hauteur de lèvres par la présence de solides défenses et épaisses molaires à l'intérieur de la bouche).

Bref, ils savent tout faire les éléphants : barrir, manger – quotidiennement, jusqu'à 200 kilos de racines, herbes, plantes, feuilles, fruits, écorces, etc. –, dormir, marcher sur des kilomètres, déféquer, courir, nager, se gratter, saisir et manipuler des objets, déplacer des troncs d'arbres pour les travaux forestiers, transporter sur des kilomètres plusieurs étrangers sur leur colonne vertébrale – sympa, le bus sur le dos –, rester sur leurs défenses, se battre, faire les clowns devant le public dans les cirques, retrouver leur chemin, les points d'eau (quelle mémoire…) et même pleurer leurs morts, ou « céder » leur ivoire qui finit en boules… de billard dès le XVIIe siècle, touches de piano, boutons pour vêtements ou statuettes les représentant sur les bureaux de riches occidentaux. Voilà pour l'explication du braconnage, du commerce illégal des ossements et fossiles de ces grands herbivores et la passion de tous ceux qui craignent, à juste titre, de les voir définitivement disparaître de la surface de la Terre.

En fin de compte, ils sont très courageux, résistants et sportifs, ces éléphants végétariens. Seulement, « il vaut mieux les avoir en photo qu'en pension » comme l'annonce un vieux dicton souvent à propos des enfants des humains, omnivores eux. Et qui vont trop souvent s'enfoncer de terreur dans les fauteuils des dentistes, même et surtout d'ailleurs quand ils ont perdu leurs dents de lait ! Toutes ces piqûres et arrachages de dents à cause du sucre, ça finit par faire mal au cou des patients comme des dentistes… Dire que du ouistiti au macaque, en passant par le chimpanzé, l'orang-outan et le gorille, la plupart des singes sont herbivores et se contentent de noix, graines, fruits…
Il est urgent pour nous, humains, jeunes et adultes, de manger moins de viande et de sucreries chaque

semaine afin de pouvoir marcher plus, et passer moins de temps au cours de notre existence chez tous ces docteurs du tube digestif (dentiste, oto-rhino-laryngologue, gastro-entérologue). Histoire de garder enfin nos dents jusqu'à notre mort, comme les éléphants ?

P.-S. : ces pachydermes ne sont pas les seuls à porter des défenses en ivoire (précisément des incisives). Les mammouths, disparus aujourd'hui, étaient dans le même cas, les hippopotames, morses et narvals actuels également. Quant aux sangliers accusés d'être trop nombreux en France et de provoquer des dégâts dans les champs et des accidents sur les routes aux abords des villes, ils se baladent aussi avec des défenses, mais ce sont des canines dont les carrosseries des automobiles se souviennent longtemps.

ACROBATES COMME LES CHÈVRES

« Quand intelligence et sensibilité sont en parfait équilibre, on a le merveilleux acteur. »

Charlie Chaplin

La Chèvre, c'est le titre d'une comédie rock'n'roll et un peu animalière avec Pierre Richard et Gérard Depardieu sortie en 1981 : cascades et blagues à redécouvrir en 2019. Le chamois, fait lui aussi partie de la famille des caprinés, au même titre que la chèvre, le mouton, le mouflon et le bouquetin. Et il serait difficile d'expliquer pourquoi au juste, dès qu'on pense chèvre, l'idée de « casse cou » nous vient à l'esprit. En résumé, tenter le diable ou pas, avec ses gros sabots ou des souliers solides et adaptés, voilà qui résume parfaitement la vie d'une chèvre entraînée, seule ou marchant avec le troupeau en montagne, un lieu particulièrement hostile, et pas seulement pour son air plus frais ou ses pentes rocheuses escarpées… Même la végétation doit se battre pour y tenir sa place.

D'ailleurs, le Chamois d'Or, fromage de chèvre au goût crémeux qui côtoyait volontiers des fromages au lait de vache, faisait fureur chez les jeunes dans les années 1990, alors que la basique bûche de chèvre paraissait très sèche à côté. Le fromage en question était toujours bien présenté à la télévision : il donnait envie d'aller crapahuter dans les Alpes ou les Pyrénées avec les randonneurs bien chaussés en T-shirt et en short, qui mordaient à pleines dents dans ce concentré de lipides énergisant ! Ça, c'était pour la montagne, en été. Préférez la combinaison, la coulante raclette ou le nourrissant reblochon avec des pommes de terre dans la tartiflette, en hiver…

Car les skieurs habitués le savent. Il n'existe pas une seule station en France où l'on ne trouve une piste noire baptisée « les chamois » ou « les bouquetins », hyper « casse-gueule » mais possible à descendre si l'on s'y prend avec courage, patience et rigueur. *A priori* plus facile pour ceux qui sont passés par la case ESF École de Ski Français (fondée en 1927) quand ils étaient jeunes, le temps de décrocher sur les pistes vertes, bleues et rouges les épreuves validées par les officiels flocons et étoiles. Distinctions supérieures pour les acrobates prêts à se frotter au slalom et exploits de vitesse : des médailles appelées « cabri », « chamois », « flèche », etc. où le ski alpin ne se pratique plus au chasse-neige ou tout schuss sur les pistes comme si on était seul dessus alors qu'elles sont bondées. Quant au

hors-piste, tout le monde sait qu'il peut déclencher des avalanches qui peuvent mettre en péril les gens skiant pourtant paisiblement sur des parcours balisés et d'ordinaire agréables à suivre lorsqu'ils sont bordés de grands sapins…
Soit l'on se retrouve en mauvaise posture sur la piste des bouquetins parce qu'on a été entraîné par d'autres plus forts du genou que du cerveau par mauvais temps en plus, et pas le choix, il faut descendre, coûte que coûte. Dans ces conditions, si la peur est trop grande, l'expérience peut s'avérer dangereuse pour l'individu et même le groupe tout entier de skieurs : il y a risque de panique, de blessures.
Soit l'on fonce avec une certaine sérénité parce qu'on est capable d'évaluer son propre niveau et de se juger capable, apte à affronter ce qui n'est plus une pente un peu raide mais un mur ! Si possible, lorsqu'il n'est pas complètement glacé, il faut essayer de conserver la notion de plaisir au cours de ce qui peut sembler une fois arrivé en bas un réel exploit sportif et mental. L'adrénaline, sans un minimum de plaisir, n'a aucun sens. Il faut apprendre à faire des choix qui apportent un peu de bonheur en tout.
Et c'est peut-être cela être un peu « casse-cou », acrobate sans risquer de se casser quelque chose, sinon adieu plaisir, sport, travail, amis, amour… Ce n'est plus être casse-cou, c'est finir cassé, brisé et parfois en fauteuil roulant pour longtemps quand on n'a pas su estimer ses compétences et aptitudes physiques, son niveau d'endurance ou qu'on n'a

su dire non aux propositions d'autres et que l'on jugeait « hors-jeu » pour soi... Notions de distance, positionnement dans l'espace, périmètre de sécurité et connaissance de ses propres limites indispensables en altitude ! Bien sûr aussi, matériel au top, petite bouteille d'eau et barres chocolatées ou gâteaux sucrés pour donner le coup de fouet énergétique qui permettra d'arriver en un seul morceau, Monsieur, ou entière, Madame, à la station.
Et pensez à l'éleveur/l'éleveuse, avec leurs bâtons, leurs chiens (berger allemand, australien, des Pyrénées, beauceron, border collie, Patou...) et le troupeau qui font ensemble le trajet dans les environs, hors saison touristique, sur un relief encore plus accidenté. Et sur les zones de pâturage, lorsque la neige n'est plus là pour absorber les chocs en cas de chute ou pire, que les loups ou les ours rôdent, on comprend combien il est facile de perdre les brebis égarées d'office justement puisque accusées d'être trop « casse-cou » par les chiens qui aboient déjà... Les cadavres ensanglantés laissent des traces sur la pierre, mais les éboueurs de la nature assurent le ménage. Le gypaète barbu, grand vautour de nos sommets, dévore les os abandonnés sur le festin du loup. Preuve que même avec leurs sabots adaptés, leur sens de l'escalade, leur large champ de vision, leur intelligence et leur instinct d'aventuriers des montagnes, les caprinés peuvent se planter.

Mais continuons d'admirer ces acrobates végétariens. Comme on peut le découvrir dans certains documentaires animaliers, en Italie par exemple, le bouquetin est capable, parce qu'il l'apprend dès son plus jeune âge en suivant sa mère, d'aller jusqu'à escalader la paroi presque verticale d'un barrage, celui du lac Cingino à 2 200 m d'altitude. Juste pour lécher des pierres porteuses de sels minéraux indispensables à son régime alimentaire… Tout ça sans tomber, *l'as des as,* acrobate comme Jean-Paul Belmondo dans le film !

Comme les chèvres intrépides qui font de la publicité devant des voitures, ou donnent un petit côté dynamique à *L'amour est dans le pré* et aux documentaires animaliers, j'apprends à accepter une certaine prise de risque et d'incertitude sur mon chemin. Dans mon existence, dès que je sens que mon corps en est capable, j'ose. Mais pour atteindre les objectifs fixés sans le casser, il faut le nourrir correctement et régulièrement, et suivre ses envies d'acrobaties même si elles semblent si modestes qu'elles pourraient faire rire des gens beaucoup plus entraînés. Je ne crains pas les moqueries, j'avance par palier, lentement, sûrement, tout en acceptant les limites

de mon organisme afin de rester en vie. Il faut de l'ambition, de l'élasticité dans les membres, de l'endurance mais d'abord et surtout la capacité à se ménager pour rentrer entier, heureux et fier de ses efforts.

À L'ÉCOLE COMME LES SURICATES

« Celui qui est maître du livre est maître de l'éducation. »

Jules Ferry

Si vous avez chez vous une belle bibliothèque ancienne en bois remplie de livres qui ont marqué votre existence de lecteurs ou un simple meuble genre casier Ikea® qui a bien voulu accueillir vos lectures de jeune étudiant, et si vous avez un animal – un cochon d'Inde, un chat peut-être ou un chien – alors vous avez vu parfois la « bête » s'allonger sans bouder son plaisir juste devant vos ouvrages… Stupéfaction, vous avez osé penser que l'animal s'intéressait, pourquoi pas, à la culture, ou pire, à votre culture et à l'écriture ? N'allant pas jusqu'à vous demander si le matou ou le toutou savait lire, vous avez aussitôt bondi en songeant à ces humains chez lesquels les livres n'ont pas leur place. Des imbéciles, et leurs bêtes aussi – d'ailleurs sont-ils ou sont-elles bêtes à vivre sans lire –, plus malheureux que vous, avec moins d'imagination que vous ?

Quant à ce gentil petit clébard qui se prélasse au pied des livres à portée de truffe – ayez au moins la bonté de laisser traîner quelques livres à hauteur de pattes, les vôtres comme celles des chiens, on ne sait jamais – si ça se trouve, il a suivi vos pas sur le chemin de votre éducation, surtout si vous avez su le garder en vie pendant des années ? Mais si vous avez le même chien à la maison depuis des années – dix ans au moins – est-il possible qu'il soit aussi instruit qu'un enfant du même âge qui serait allé à l'école ? Voilà, le doute ne vous fait plus sourire, d'ailleurs le chien non plus ne sourit plus : qui est le plus intello des deux, le maître ou le toutou ?
Bref, sachez en effet que la science a montré que d'autres mammifères aimaient l'école, synonyme de transmission de savoirs, le long de la côte atlantique sud-ouest de l'Afrique (en Namibie) en tout cas. Exemple avec les suricates surnommés « sentinelles du désert » dont les cris pour communiquer avec le groupe sur l'approche de prédateurs ou autres sont régulièrement étudiés, sachant que ces animaux ont des sens particulièrement développés, pas seulement la vue pour ces « sentinelles », mais aussi l'ouïe et l'odorat… D'ailleurs, par leurs silhouettes adultes, ils ressemblent à des chiens d'une trentaine de centimètres pour un poids d'environ 700 g, capables de marcher à quatre pattes comme de se tenir parfaitement debout, à l'équilibre !

Vivant en colonies, sociaux et à cheval sur l'hygiène corporelle de chacun (le toilettage est important chez ces bêtes à poils), la nuit, ils profitent de la fraîcheur de leurs vastes terriers. Le jour, ils sortent pour chasser essentiellement des insectes, des scorpions, éventuellement des lézards, serpents, rongeurs, œufs, même des oiseaux parfois, et récolter tubercules ou bulbes de plantes. C'est à cette occasion qu'ils scrutent de temps en temps l'horizon, histoire de voir ce qui se passe autour d'eux sur un plus large rayon que leur simple petite personne : un peu comme si, en plus de vous occuper de vous, votre vigilance s'étendait naturellement en suivant les infos régionales, nationales, etc. dans les journaux, à la radio ou à la télévision.

Et c'est aussi à cet instant que les adultes enfilent leur tenue de prof pour enseigner ce qu'il y a à savoir d'essentiel aux plus jeunes : comment chercher, identifier, attraper, décortiquer, savourer les bestioles du coin sans se faire piquer ou mordre et risquer au passage d'y laisser sa peau… L'art culinaire en somme. Les enseignements comportent plusieurs disciplines et se font par étapes forcément pour les enseignants comme pour les élèves : les jeunes (et moins jeunes !) apprennent à faire preuve de patience et d'ingéniosité afin d'éviter les pièges et les risques à s'attaquer à des ennemis plus vifs ou au venin très toxique…
Démonstration avec le scorpion : apprendre à reconnaître la « bête » – l'adulte en donne un déjà mort au jeune, ainsi

le petit suricate n'a plus qu'à se régaler tranquillement... Plus tard, la leçon se corse, il faut affronter ses peurs et se montrer plus rapide que l'ennemi, vivant cette fois (non, ce n'est pas un combat de jeux vidéo, c'est la « loi de la jungle », mais dans le désert, pour apprendre à survivre aux conditions difficiles et exigeantes de ce milieu) : le prof amène un scorpion blessé auquel il a retiré le dard. Objectif pour l'élève, être plus habile que l'animal en face prêt à piquer, et le faire passer directement dans son estomac, ni trop chaud, ni trop froid ! Bref, quelle que soit l'espèce étudiée, l'élève est progressivement confronté à de nouvelles difficultés. Certes, pour les adultes, transmettre autant de connaissances est coûteux en énergie, mais les résultats sont là : les élèves finissent par savoir trouver leur propre voie et se débrouiller, même en situation difficile en milieu extrême. Cerise sur ce drôle de gâteau, comme chez les humains, les profs ne sont pas obligatoirement les parents des « gosses » qui vont en cours sans faire l'école buissonnière. Éducation très moderne donc !

Quand j'ai la chance, étant jeune, de faire des études, je choisis l'orientation qui m'intéresse et fais preuve d'assiduité, même si à première vue, l'école est exigeante, les devoirs sont difficiles et l'éducation ne semble pas être une question de survie. Adulte, si j'ai l'occasion de suivre des for-

mations professionnelles pour me réorienter, ayant droit à une nouvelle chance de me former, j'ose changer de métier, et parfois d'entreprise, voire de m'installer à mon compte ? Parce que je tiens à travailler dans un secteur où je me sens utile, épanoui/épanouie. Parfois, il est question de survie lorsqu'il faut gagner sa croûte – « faire son pain » – il faut bien manger, se sentir bien dans ses baskets et avoir un toit. Mais il faut aussi savoir prendre du plaisir un peu tous les jours, et pas qu'au travail !

AVOIR TOUJOURS UN OBJECTIF EN VUE COMME LES ARAIGNÉES

« Nous tissons notre destin, nous le tirons de nous comme l'araignée sa toile. »

François Mauriac

Se donner toujours un objectif en essayant d'être aussi appliqué que ces géomètres à huit pattes : pas facile… C'est en effet tout en finesse que les araignées usent de leurs membres – pattes et même pièces buccales – à la manière d'aiguilles à tricoter le piège sublime qui attrapera du beau monde ! Une toile, tissée et retissée avec la même dextérité à l'infini en solitaire ou presque, si l'on exclut les points d'appui végétaux de l'œuvre. Comme quoi, il ne faut pas plus bouder les cours obligatoires de maths que ceux, facultatifs, du club de couture du midi au collège ou du mercredi entre adultes parce que la géométrie se cache partout : de la toile de la discrète araignée de jardin à celle de Spiderman au cinéma, en passant par les réseaux cachés d'Internet jusqu'aux motifs répétés sur des pulls en laine ou aux fresques à découvrir dans les cités mayas, incas, etc.

Mathématiques, chiffres, courbes, droites, triangles, ou encore ronds dans l'eau trahissant la présence d'insectes aquatiques ou la remontée de bulles d'amphibiens, flocons de neige en forme d'hexagones comme les alvéoles des ruches d'abeilles, la France, ou parfois plus ou moins vaguement tissage des toiles d'araignées tendues ou plus ou moins élastiques selon les conditions d'humidité, température, sens du vent… Les toiles peuvent ainsi apparaître réussies d'un point de vue géométrique ou au contraire, franchement « bordéliques », à première vue en tout cas. Peut-être pas en y regardant de plus près, à la loupe ?
Bref, comme les scorpions et les acariens de sa famille, sortes de Shiva animales, les araignées ont huit pattes, qui, fines ou épaisses peu importe, font flipper à mort les arachnophobes ! Quand ils ne tombent pas aussitôt dans une crise de panique les paralysant sur place, juste avant de gonfler comme des ballons de baudruche (œdème de Quincke) ou des poissons ballons…
Sort si injuste quand on pense aux fans forcément peu nombreux fascinés par le monstre – l'araignée – et ses œuvres, passion qu'ils entretiennent au cinéma ou en bandes dessinées racontant les aventures de l'agile Spiderman, un type svelte donc et sans âge qui se suspend cagoulé, en legging

et T-shirt près du corps, entre les immeubles. Ce roi de la cascade urbaine, peut-être tranquille adepte de l'escalade sur les roches naturelles à visage découvert le reste du temps, a la bonne idée de porter son équipement directement dans son costume : de quoi s'assurer sans mousquetons mais avec des cordes, façon fils de soie d'araignée qui sortent de ses poignets souples. En réalité, chez l'araignée, de son abdomen d'où trois paires de filières – des glandes – sécrètent une soie liquide rigidifiée en fibrilles, puis en fils élastiques résistants qui permettent, selon l'espèce, de fabriquer fils, nappes, ou toiles irrégulières ou régulières.

Certaines araignées travaillent, par exemple, en entremêlant les fils. C'est ce que fait l'agélène du jardin ou la tégénaire domestique : vous savez, la brune velue qui semble prendre un malin plaisir à surprendre les humains le soir, pas loin du grand miroir de la salle de bains ou, plus vicieux, le matin sous l'aspirateur prêt à être « dégainé », voire plus tonique sur le mur du salon, pendant que les gens sont installés sur leur canapé en cuir dans le noir, concentrés devant un thriller à gros budget qui devrait tout « déchirer » : le son et même le super grand écran avec ces images virtuelles ! Tout ça pour une minuscule bestiole à huit pattes qui se promène dans la réalité de la pièce...
D'autres araignées, artistes au grand air, réalisent des chefs-d'œuvre dans un cadre délimité en même pas une heure, parfois en forme de soleil comme sur les dessins

d'enfant ? Le tissage des rayons part du centre et le reste se fait comme une spirale en colimaçon posée dessus, avec des passages tissés parfois en s'approchant du centre – centripète – ou en s'éloignant de cette capitale qu'est le cœur de la toile dans un mouvement centrifuge. À chaque tisseur ou tisseuse sa technique ! La diversité de ces filets de pêche architecturaux démontre que la beauté de la toile n'est pas l'essentiel pour toutes les araignées, le but est « de pécho » comme disent les jeunes : manger, et éventuellement se reproduire. La créativité est secondaire, instinctive. Il ne s'agit pas pour ces minuscules invertébrés sauvages d'en mettre plein la vue aux leurs – voire aux immenses vertébrés qui peuvent faire peur ! – avec des toiles de quelques centimètres ou de plusieurs dizaines de mètres, reposant délicatement entre des tiges d'herbacées, à fleurs ou non, pour voir la vie en couleurs, éventuellement au printemps ou l'été au petit matin…

Il est vrai que les toiles sont plus faciles à observer quand elles sont couvertes de gouttes de rosée ou éclairées par la lumière douce d'un début de journée qui s'annonce ensoleillée. Pas étonnant donc qu'elles soient plus visibles – et en plus, l'entrée de l'exposition est gratuite… – autour des mares à la campagne, comme les œuvres de l'artiste épeire diadème positionnée souvent tête en direction de la terre, à l'affût au centre de son « tableau » en attendant que des insectes se prennent pattes ou ailes dedans !

Si j'ai séché les cours de maths quand j'étais jeune, j'essaie, adulte, de me rattraper en comprenant une bonne fois pour toutes que les chiffres et les questions d'angle (comme celui que forment les aiguilles de ma montre), la symétrie et la géométrie, se cachent aussi dans la nature qui peut nous apprendre la précision. Très importante dans la vie, la précision, pas seulement pour arriver à l'heure et bien habillé à un rendez-vous !

JARDINIERS COMME LES SOURIS

« Des chaussures neuves font souvent "scouic scouic" quand on marche. Des vieilles chaussures aussi, à condition de marcher sur des bébés souris. »

Philippe Geluck

Dans la vraie vie, les souris ne sont pas aimées des humains, sauf dans les dessins animés de Walt Disney et de la Warner Bros. Il y a donc le célèbre Mickey Mouse, né en 1928, et sa copine Minnie, tous deux complices de Pluto le chien, ou Jerry le petit malin qui depuis 1940 casse les pieds à Tom le chat. Les chats passent leur temps à chasser les souris, mais continuent de grossir avec les croquettes ou la pâtée servies par des humains qui les remercient peut-être inconsciemment de débarrasser la maison, voire l'appartement, de ces vilaines souris…

Soit elles font penser au commun des mortels à des animaux de laboratoire blancs aux yeux rouges, gardés en cage et soumis à tout un tas de tests cutanés ou de comportement peut-être « inhumains »… précisément ! Soit, l'air de rien, elles nous renvoient tous à l'insalubrité des vieux quartiers à des époques où, en réalité, les rues étaient infestées de rongeurs plus gros et de la même famille : les rats se faufilant entre les cadavres. Longtemps d'ailleurs, on a raconté que ces créatures étaient responsables de la peste noire qui tua 50 millions d'Européens au XVe siècle et était capables de décimer une famille entière en quelques jours à peine. Devant l'ennemi invisible, on parlait de terreur. Une cité comme Marseille perdit de cette manière la moitié de ses habitants en moins d'un an à l'été 1720. Ils tombèrent comme des mouches… À la fin du XIXe siècle, le pasteurien Alexandre Yersin identifia sur le rat un responsable potentiel de ces pandémies : un bacille du nom de *Yersinia pestis* qu'il isola à Hong Kong. Et c'est à Bombay, plus tard, qu'un autre pasteurien détermina un vecteur de la bactérie entre le rongeur et l'humain : les puces du rat. Hypothèse revisitée au XXe siècle où l'on accusa cette fois les puces et poux de l'Homme. Bref, toujours présente au XXIe siècle dans certains pays pauvres de l'hémisphère Sud, la peste a tué entre 2010 et 2015, selon l'Organisation mondiale de la santé, près de 600 individus, mais en a en réalité affecté 5 fois plus…

Une victime déjà affaiblie peut mourir en 3 jours de la forme pulmonaire de la peste, ou en 1 semaine de sa forme bubonique. Pas le temps d'accuser tous les rongeurs de la Terre : de l'adorable souris domestique au vilain rat d'égout ou au rat-taupe, en passant par le hamster ou le cochon d'Inde (dit aussi cobaye) des enfants, l'écureuil du dehors ou les castors américains et européens. Et encore moins les millions – milliards… – de souris informatiques couvertes de bactéries qui ont à leur tour envahi de façon plus visible, non plus au sol mais à mi-hauteur, notre quotidien ! Risque de contamination bactérienne ou virale à la souris évidemment beaucoup plus élevé dans unc salle d'examen à l'hôpital, un labo de recherche médicale et une start-up du numérique en pleine croissance que chez vous dans votre modeste bureau. Mais alors, que dire de constructif sur un possible lien entre les souris et les humains ? Pouvez-vous – puis-je – agir et penser comme une souris, et en quoi cela peut-il nous être utile ?

Eh bien, si Mickey nous apparaît si sympathique, c'est peut-être parce que l'aspect utile de la souris était plus évident dans les années 1920, lorsque le monde était plus paysan qu'industriel, lorsque la terre comptait plus que la guerre… Résultat, les vivants quc l'on n'appelait pas encore des agriculteurs mais qui travaillaient le sol sans gros engin électrique, parce qu'il fallait bien manger, avaient dû remarquer avec un certain amusement que les souris gambadaient dans les trous, farfouillaient le sol du coup un

peu aéré comme avec un grand coup de fourche ! Et il peut être lourd à donner, le coup de fourche, pour retourner et oxygéner la terre : tous les petits jardiniers savent ça…
De plus, la souris conserve un mode de vie terrestre éloigné de l'aérien oiseau (souvent diurne) pondeur d'œufs comme les reptiles, et malgré tout plus proche de la chauve-souris, mammifère nocturne qui vit plus souvent tête en bas quand il est posé mais sait voler tête en l'air (et dont l'embryon se développe comme chez tous les mammifères dans l'utérus de la mère). Pourtant, comme l'oiseau ou la chauve-souris, la souris aussi disperse les graines, en marchant elle, facilitant ainsi leur voyage et réduisant le déclin de la biodiversité végétale. Enfin, et là, il est plus question de sauvegarde de plus grandes espèces animales dans la chaîne alimentaire, la souris est peut-être la proie des chats dans les villes, mais à l'état sauvage, en zone rurale, elle fait aussi bondir les rapaces la nuit, ramper les lézards et les serpents ou courir les renards et même les loups ! Avec autant d'endurance et d'habileté à jardiner ou à jouer à cache-cache avec de plus grands qu'elle, on doit le respect à la souris, vous ne croyez pas ?

Mort aux rats ou halte aux chats ? C'en est fini de ce dégoût pour la souris qui fait tant de bien aux sols, même en souffrance. Elle aide probablement, sans même qu'ils en soient informés, les jardiniers non professionnels qui n'ont, pour aimer et cultiver leur petit bout de terre, que le râteau et la fourche. Les tracteurs sont pour les agriculteurs… Tiens, je vis en ville en appartement, et si je courais en jardinerie m'offrir quelques pots de fleurs, un peu de terre, des graines, une pelle et une fourche pour imiter la souris à la campagne ?

MENUISIERS COMME LES CASTORS

« La femme se procure des fourrures aux dépens de divers animaux. La loutre, par exemple, le castor et le lapin (qui prend des pseudonymes). Mais principalement, l'homme. »

Hervé Lauwick

Et peut-être même que les castors se marrent quand ils apprennent que les pros de la maçonnerie et de la plomberie, comme les jeunes couples, vont faire leurs courses en matériaux de construction (bois, mais pas que : marbre, cuivre, étain, etc.) chez Castorama® ?

Bref, il se peut que le barbotant castor de l'étang, chef du barrage ou de sa hutte, ait la cote chez les bricoleurs et les artistes… Simone de Beauvoir (1908-1986), la libre gratteuse de papier, philosophe, romancière – qui écrit dans son illustre *Deuxième sexe* « On ne naît pas femme, on le devient » (1949) – n'était-elle pas appelée le Castor par son philosophe de compagnon, Jean-Paul Sartre (1905-1980), auteur, lui, de *La Nausée*, *L'Imagination*, *L'Être et le néant*,

Réflexions sur la question juive, *L'existentialisme est un humanisme* ou encore *Lettres au Castor*… ?

Pourtant, scoop, il paraît que l'origine de ce mot doux de Sartre à Beauvoir remonte, non pas au petit mammifère malin avec un « épais crayon de bois » entre les pattes, ni à Castor et Pollux – éléphants inséparables gardés en captivité au Jardin des Plantes à Paris, et tués puis dévorés à la fin de 1870 pendant le siège de Paris –, mais au surnom donné par René Gabriel Eugène Maheu, professeur de philosophie à Londres parce que « castor » se dit *beaver* en anglais. *Beaver*, Beauvoir : à vous de voir, si la comparaison vous paraît un peu tirée par les cheveux ou aussi logique qu'amusante. D'où l'importance de ne pas être forcément parfaitement bilingue pour échanger avec les individus qui parlent un autre langage – la traduction mot à mot reste risquée – alors qu'avoir l'oreille musicale et entretenir un certain humour universel, conserver de la légèreté, permet volontiers de nouer des liens d'amitié au-delà des frontières, et donc de se comprendre un peu malgré tout sur l'essentiel…

Autant de qualités que possède peut-être le castor ? À queue plate épaisse – un gouvernail mais pas que – il était autrefois plus répandu en Europe que le ragondin d'Amérique du Sud, introduit sur notre continent européen au XIXe siècle, surnommé « castor des marais » parce

qu'il ressemble vaguement au castor européen. Lequel était jadis répandu jusqu'en Asie avant d'être chassé par les hommes pour sa viande, sa fourrure et ses glandes anales ! Celles-ci sécrètent du castoréum, huile musquée qui permet à l'animal de marquer son territoire et qui utilisée en « médecine » comme aphrodisiaque ou même en traitement contre les maux de tête, la fièvre, etc. ; le castoréum contenant de l'acide salicylique proche du principe actif de l'aspirine…
Aujourd'hui, à l'étranger, on trouve encore du castoréum en parfumerie, ou sous forme d'arômes dans l'agroalimentaire pour les glaces, les boissons, les bonbons, etc. Vive la congélation, la chimie organique ou la cuisine moléculaire ?

Chez nous, menacé de disparition, le castor est une espèce protégée (et le ragondin, un pestiféré). Il commence à revenir en zones humides d'où il avait disparu, exactement comme le bricoleur du dimanche à Castorama®… Heureusement, car en pro de la foresterie et de la menuiserie, l'animal est le meilleur gardien des nappes phréatiques, nos réservoirs d'eau douce ! Bûcheur, le bûcheron, ingénieux apnéiste des rivières et spécialiste de l'entretien des milieux aquatiques traversant les forêts, il est adapté à cet écosystème grâce à son anatomie crânienne et à sa physiologie.
Il a une excellente vision nocturne, un pince-nez naturel – des narines obturables –, une dentition résistante (c'est

que lui ne se contente pas de mâchonner en rêvant l'extrémité de crayon de papier, couleur ou pas) et des poils spécialisés sur la tête qui lui permettent de ressentir les éléments qui pourraient nous paraître à nous invisibles de nuit, sans risquer de passer l'arme à gauche malgré l'absence de lumière.

Sa thermorégulation est liée à un membre inattendu dans cette fonction, sa queue – que le castor plonge dans l'eau fraîche en été pour faire retomber sa température interne –, et à sa fourrure bien sûr qui, elle, lui tient assez chaud sur sa couche de graisse pour supporter le froid de l'hiver… Un peu comme la solitaire loutre, dont la famille a été décrite en 1838 par l'ornithologue et homme politique français Charles-Lucien Bonaparte (1803-1855), neveu du général et premier empereur des Français Napoléon Bonaparte (1769-1821), il est tout de même très beau, le castor dans son manteau faisant également office de combinaison de plongée. Cerise sur le gâteau, il est végétarien et écolo. Il ne consomme pas de viande, ne pèse pas plus de 15 à 35 kilos pour une taille de 70 cm à 1,35 m, et préfère se nourrir de plantes sauvages qu'il peut digérer deux fois si ses crottes molles ne sont pas avalées avant par les poissons du coin, ces gourmands… En plus, il est monogame ! Un romantique quoi, comme le menuisier du dimanche.

Si du temps où nous jouions à la Guerre des Boutons ou aux Robin des bois dans nos forêts, j'ai déjà participé en équipe à la construction de cabanes juste à l'aide de quelques branches, avec ou sans feuillage pour en dissimuler la présence, je n'abandonnerai jamais, adulte, ma passion pour le bois. Et si je n'ai pas les moyens de me payer un manteau de castor et l'inventivité qui va avec ce costume, j'investis dans un K-way, pas cher, qui pourra toujours me permettre d'affronter l'humidité sans me noyer sous les gouttes lors de ma promenade en campagne ou jusque chez Castorama®.

CE QU'IL FAUT RETENIR DE NOS AMIES LES BÊTES

L'orientation et la motivation

▶ J'apprends à sortir de ma zone de confort et à prendre plus de risques dans ma vie quotidienne.

▶ J'avance par palier : doucement mais sûrement tout en me fixant des objectifs réalisables.

▶ Je ne cesse de me former tout au long de ma vie pour cultiver ma soif d'apprendre et toujours travailler dans un job où je suis épanoui/épanouie.

▶ Je me balade plus souvent en pleine nature, et j'apprends ainsi la précision : la symétrie et la géométrie se cachent dans nos paysages.

3

RÉACTIFS
AUX ONDES LUMINEUSES, SONORES ET ÉLECTROMAGNÉTIQUES

GONFLÉS COMME LES POISSONS BALLONS

« *Petit poisson deviendra grand,*
pourvu que Dieu lui prête vie. »

Le petit poisson et le pêcheur, Jean de La Fontaine

Quand il se sent stressé ou approché de trop près, oppressé, le poisson ballon a une stratégie de défense qui le rend particulièrement visible et lui fait une drôle de bouille : il semble se gonfler d'air, de partout, même au niveau de la tête. Et c'est, selon le niveau de connaissances des plongeurs ou des visiteurs de l'aquarium qui assistent à ce spectacle, soit comique, soit étonnant, soit franchement inquiétant.

Le pire, c'est qu'au calme, il a le malheur d'être mignon façon Gizmo dans *Les Gremlins*, ce barboteur qui se mouille dans les mers tropicales et finit parfois en lampe de chevet très moche ! Il donne l'impression de sourire en permanence quand il nage tranquillement. Et dès que quelque chose le tracasse ou qu'un poisson d'une autre espèce l'approche, identifié comme potentiellement menaçant ou non, le voilà qu'il enfle d'un seul coup ! D'ailleurs, quand Nemo se retrouve enfermé dans l'aquarium chez le dentiste, il rencontre le fameux poisson ballon qui gonfle pour un oui, pour un non, c'est-à-dire à chaque contrariété, quand le « toubib' » de la bouche sort ses instruments de torture à roulette ou à vent pour charcuter légèrement celle de son carnivore de patient américain…

Sous la surface, donc, l'animal des tropiques se gorge de « flotte » et peut aussi le faire avec de l'air. Peut-être une façon de signifier franchement aux malotrus, « vous me gonflez, ou vous me pompez tout mon oxygène ? De l'air, j'ai besoin de respirer ! »

L'histoire ne dit pas encore s'il se gonfle aussi d'eau ou d'air quand il a trop chaud en mer. Mais la méthode paraît efficace, en tout cas le plus souvent. Peut-être que les humains devraient s'en inspirer et afficher sans mentir sur leur visage l'état d'esprit du moment ou de la période de leur vie, pour admettre sans détour « Je ne suis pas d'accord, vous me pompez l'air ! Foutez-moi la paix ! », avant de finir morts asphyxiés dans une situation ou une foule inconfortable ? Et pour ne plus jamais passer pour des dégonflés…

Je cache rarement mon exaspération face à des paroles, des actes ou des gens qui s'en prennent à moi. Je n'hésite pas à être gonflé/ gonflée dans mes propos (en espérant ne pas ingérer trop d'air au cours de mon discours de défense) : je suis mon propre avocat, comme le poisson ballon...

FLUORESCENTS LA NUIT COMME LES MÉDUSES ET LES CORAUX

« On a besoin dans la nuit de croire au soleil. »

Jean-Yves Boulic

Le jour, ils sont blancs, noirs, tigrés ou tachetés. Dans la nuit, où leurs yeux brillent en croisant les phares blancs des automobiles (autrefois jaunes comme la flamme d'une bougie en France, de 1936 à 1993, parce que cette lumière était considérée comme moins éblouissante), on raconte que tous les chats sont gris. Mais pour celui ou celle qui est au volant, l'imagination est plus prolifique aux heures nocturnes. En particulier à grande vitesse, où les niveaux de concentration et de vigilance de l'ensemble du système nerveux diffèrent de ceux des autres passagers du véhicule, surtout aux heures où le corps se prépare naturellement à aller se coucher, rarement à la belle étoile… L'espèce humaine est depuis longtemps sortie de sa caverne, mais reste diurne, plus active en journée. L'efficacité de sa vision diminue donc à la nuit tombée. Et quand le vent se met à souffler, que le brouillard s'en mêle, ou la pluie – ou pire, la neige –, conduire peut rapidement mener en enfer. Alors, si ces bêtes « au regard louche » la nuit avaient eu la brillante idée de porter les fameux gilets jaune fluo aux bandes argentées, on ne les aurait peut-être pas confondues dans un flou soudain avec des fantômes ou des créatures monstrueuses… Et peut-être ces signaux voyants comme des panneaux éclairés sur les autoroutes réduiraient-ils la gravité et la fréquence des accidents, sorties de route ou tamponnages contre les arbres, contre d'autres véhicules ou des piétons, à la campagne comme en ville ?

Bref, enveloppés dans leurs gilets sans manches différemment visibles la nuit ou le jour, les humains se sont contentés de copier la nature dans le but de réduire la mortalité sur les routes. Ou plutôt le styliste qui a dessiné ces vêtements de sécurité s'en est inspiré. Karl Lagerfeld lui-même, en lunettes noires, gants et smoking sous le gilet comme un passager très chic pour un exercice à bord d'un bateau de croisière, n'a ainsi pas hésité à se mouiller pour en faire la promotion. Précisons qu'à côté du triangle rouge et du slogan « C'est jaune, c'est moche, ça ne va avec rien, mais ça peut vous sauver la vie », le très célèbre directeur artistique de la maison Chanel posait pour la photo en 2008 pour la sécurité routière grâce au logiciel de retouche Photoshop. Truquée la pub nocturne donc ! Car dans la vraie vie, l'automobiliste se place en situation à risque sur n'importe quelle départementale, dès qu'il est obligé de quitter d'urgence la nuit l'habitacle de tôle, armure protectrice, et de marcher sur le bas-côté, quand ce n'est pas dans un fossé rempli d'herbes hautes. Les tracteurs (comme les déneigeuses en hiver) sont des engins utiles, mais qui ne peuvent pas passer tous les jours sur les routes de France pour « nettoyer » ce qui finit par déborder dans les territoires souvent arrosés… C'est justement au « pays des sirènes » que se trouve la plus grande manifestation de cette éclairante inspiration d'origine naturelle. Les cnidaires, regroupant les méduses, anémones et coraux, sont des animaux primitifs carnivores d'eaux douce et salée qui se rencontrent à faible profondeur ou jusque dans les canyons des abysses.

Les scientifiques tirent d'ailleurs depuis des années la sonnette d'alarme au sujet des barrières de corail qui blanchissent et littéralement meurent de chaud dans une soupe océanique de plus en plus bouillonnante en zones tropicales ! Conséquences : les côtes de ces régions sont en danger, les îles sont plus grignotées encore et la sécurité alimentaire des humains n'est plus assurée par une pêche durable, puisque poissons et végétaux qui vivent en symbiose sur et autour des récifs coralliens disparaissent avec ces habitats protecteurs.

Normalement, les coraux comme les méduses sont des individus solitaires ou organisés en colonies. Ils se rencontrent dans les eaux froides où ils sont méconnus du grand public, mais attirent les plongeurs courageux et connaisseurs. Ceux-ci ont une croissance beaucoup plus lente que leurs cousins des eaux chaudes, vivant plus près de la surface dans les zones tropicales à fort volcanisme sous-marin et où les rayons du soleil tapent aussi très fort. Là-bas, les coraux ne sont pas à « visages pâles » quand ils sont malades, mais très colorés et même fluorescents la nuit, sous le clair de lune !

De jour, il est possible, équipé d'un simple shorty, d'un masque, d'un tuba et de palmes, d'admirer en randonnée et en apnée leurs couleurs allant du rose au violet en passant par le turquoise, des nuances de vert, bleu, orange, jaune, etc. Spectacle splendide vivant garanti, ou au contraire déprimant comme la mort quand ils virent au blanc comme du lait de vache ! L'impression de visiter un cimetière peut prendre à la gorge les visiteurs des lieux, peur d'autant plus difficile à maîtriser qu'elle est liée à une hausse brutale des températures dans la région, liée au changement climatique global de la planète. En cas de pollution ou de crise, l'excès de chaleur leur fait perdre les végétaux primitifs qui occupent leurs tissus : les minuscules zooxanthelles, algues microscopiques qui leur donnent ces couleurs de jour et les rendent fluorescents la nuit. Seuls les professionnels, biologistes ou plongeurs disposent des techniques et du matériel de prise de vue coûteux pour rendre compte correctement de ces phénomènes naturels étonnants.

Mais dans les laboratoires de recherche comme dans les grands aquariums, afin que petits et grands puissent en profiter également, les techniciens élaborent des méthodes de chauffage et d'éclairage par tubes bleus, à lumière noire, etc. pour reproduire de manière artificielle cette mise en lumière de l'invisible aux yeux du commun des mortels… Sans faire dans le trop complexe, la fluorescence est l'absorption d'une lumière excitatrice à une certaine longueur d'onde et sa réémission à une autre longueur d'onde. Ainsi, une espèce de corail, éclairée d'une lumière bleue ou noire (composée de violet et UV proches du visible) par exemple, la renvoie dans une autre couleur (verte, jaune, etc.). Cette réaction permet à l'animal – car le corail appartient au règne animal même s'il porte du végétal dans ses tissus – de se protéger des effets néfastes des rayons solaires. En effet, la lumière que le Soleil envoie sur Terre est un rayonnement électromagnétique dont une partie est visible par l'œil humain (pour les longueurs d'onde comprises entre 380 et 780 nm) et l'autre invisible composée d'ultraviolets (UV, de 40 à 380 nm) et d'infrarouges (IR, de 780 nm à 1 mm). Les UV pouvant occasionner de graves lésions sur les yeux et la peau, surtout chez les personnes aux yeux et au teint clairs, le « bronzage » est un processus naturel de défense mais insuffisant pour les plus sensibles : d'où l'importance de porter des lunettes adaptées et de protéger son épiderme, même dans l'eau dans les zones à risque. C'est ce que fait le corail, dangereusement exposé aux UV mais qui a besoin de la lumière du soleil pour celui qui se trouve à faible profondeur. Des protéines que lui apportent les végétaux avec lesquels il vit en symbiose – les zooxanthelles micro-algues qui réalisent la photosynthèse comme les plantes sur Terre (si utile à la production de matière organique et qui libère de l'oxygène facilitant la respiration des mammifères, mais pas que…) – sont dites photo-protectrices. En plus d'être colorés, les pigments fluo des coraux, capables de convertir les rayons nocifs du soleil en lumière d'autres longueurs d'onde, agiraient même comme antioxydants en réponse au stress ! Voilà, notre propre histoire en 2018 ne nous dit pas encore si nous verrons pousser bientôt des coraux comme ceux de la mer Rouge sur les côtes françaises de Méditerranée, mais le fluo, jaune, rose ou orange, a de beaux jours devant lui dans la mode si les Gaulois continuent de manifester leurs inquiétudes à propos de la hausse des océans et du réchauffement global de la Terre…

J'ose le jaune fluo par touches dans mes vêtements, mes baskets, même si je n'ai pas d'automobile et donc pas de gilet jaune, que j'ignore le prix de l'éthanol au litre parce que je marche beaucoup, mais pas celui d'une bouteille d'eau, parce que je dois m'hydrater régulièrement. À pied – en marche ? Ouh là… –, courant parfois même de nuit, et puisque mes pieds ne sont pas des pneus et que mes déplacements sont plus lents que ceux d'un véhicule conduit par un automobiliste éventuellement « beurré » après un verre ou deux, j'investis régulièrement dans de bonnes chaussures et des vestes visibles pour mes courses nocturnes.

ÉLECTROSENSIBLES COMME LES ORNITHORYNQUES

« Seuls les sens peuvent guérir l'âme, tout comme l'âme seule peut guérir les sens. »

Oscar Wilde

Attention, ça va vous faire froid dans le dos, cette histoire de mammifère venimeux à fourrure et à bec de canard bourré de capteurs (électro-récepteurs) capables de détecter les champs électriques… Il a la taille d'un chien – 50 cm environ – et s'active la nuit où il plonge volontiers en Australie. Non pas que vous soyez trop sensible pour vous intéresser à l'histoire naturelle en zone rurale – ou peut-être sont-ce les autres autour de vous qui sont des durs de la jungle urbaine ? – et là, il n'est question que d'émotions, pas de sensiblerie, gardez vos larmes, mais dès qu'on aborde le cas de l'électro-quelque chose, plus personne ne rit. Électro quoi, la musique ? Électricité ? Mais oui, n'oubliez pas que votre système nerveux repose sur la circulation de courants électriques le long de fibres nerveuses au diamètre plus ou moins épais (comme les fils qui traînent dans les pièces de votre maison), messages pas toujours survoltés que les neurones sont chargés de gérer dans le tronc et les membres, le tout en connexion directe avec le cerveau. Au fait, vous avez bien chargé vos batteries ce matin au réveil… ?

En ce point de lecture, imaginez déjà ceux que cette piqûre de rappel médicale, physiologique pour être précis, terrifie : les « greffés » du cœur, les « stimulés » par une électrode dans la boîte crânienne, au niveau de tel ou tel muscle, ou organe, les « prothésés » du genou ou de la hanche, qui passent régulièrement à l'hôpital dans de grosses machines aussi inquiétantes que des cercueils futuristes, les « piqués » par un instrument électronique qui autrefois était simplement mécanique, les « poussés » du fauteuil qui roule aussi vite qu'un scooter dont on ne se relève jamais.
Heureusement, pour l'instant – pour combien de temps encore ? – ces préoccupations ne concernent qu'un tout petit nombre d'entre nous… Si vous n'êtes pas « malade », mais juste propriétaire et accro à votre Smartphone connecté que vous refusez d'abandonner même pendant la cure de désintoxication qui vous est offerte par votre patron (écolo !), vous n'êtes pas inquiet mais juste un peu surpris quand même d'imaginer la situation sous cet angle…

Comment, alors, les volts circulent en vous comme dans votre Smartphone que vous branchez à la prise murale en relation très éloignée avec une centrale nucléaire quelque part dans un pays en proie au réchauffement climatique, et sur lequel vous passez votre index à longueur de journée ? Pouce... Peut-être que l'écran vous charge, ou décharge, d'électrons énervés comme un informaticien du service public essayant de réparer le logiciel des impôts ou un truc de ce genre ? Et peut-être que vous vous transformerez en robot si vous continuez et qu'un jour, il faudra vous couper l'index ? Pourvu qu'il reste de bons bouchers à l'avenir, parce que les chirurgiens travaillent aussi avec des instruments connectés en salles d'op'... Qu'en dit votre main, le pouce fait-il un torticolis comme votre cou de cet usage exagéré du téléphone portable ? Et vos yeux, ils y voient encore quelque chose avec ce soleil qui tape de plus en plus fort sur les écrans à reflet ? Votre dos, ça va, tout arrondi pour vous rapprocher justement de ce minuscule objet à l'effrayante puissance d'ordinateur pendant qu'autour de vous, le monde continue à tourner en rond, comme vous ? Ouf, d'autres sens – d'autres muscles ? – essaient de prendre le relais pour vous épargner un minimum et vous permettre de continuer à marcher presque droit et à l'équilibre dans ces terribles conditions. Lesquels ? Peut-être que vous ne le saurez jamais parce qu'ils sont déjà trop abîmés par la malnutrition – le mal du siècle, le XXe siècle... –, la pollution de l'air et de l'eau, ou peut-être en êtes-vous mort d'inquiétude : vue qui baisse (et la nuit, n'en parlons pas), odorat qui a effectivement changé, sans parler du goût, saletés d'aliments de moins en moins appétissants, même pas beaux à regarder, alors à digérer ? De grâce, soyez exigeant sur la qualité ou... reprenez votre santé en main et lâcher ce satané portable pour expérimenter et redonner du sens à vos sens ! Voilà, commencez par retrouver cette « agréable » sensation de chair de poule parce que vous avez osé mettre le nez dehors quand il faisait froid ou le corps en maillot de bain dans une eau à une température inférieure à votre milieu intérieur...

Semi-aquatique, l'ornithorynque, lui, se débrouille sur son île-continent, il est vrai moins peuplée que le nôtre, sans Smartphone pour le guider, et gère parfaitement cette question d'électricité dans l'air, dans l'eau, autour de lui comme en lui. En même temps, reconnaissons-lui son côté atypique intéressant : c'est un mammifère de la classe rare des monotrèmes pas tout à fait comme vous et moi qui sommes de celle moins cool peut-être des vivipares (quand le ou les embryons se développent dans le corps de la femelle, que les chirurgiens peuvent sélectionner et implanter à la demande dans les cliniques des pays tolérants à la surpopulation sur Terre...). Pour sa part, l'ornithorynque – chez lequel le mâle est venimeux – est dépourvu du lien ventral maternel à la naissance : aucun cordon ombilical à couper entre la maman et le bébé ! L'espèce est ovipare, pond des œufs (comme chez les oiseaux et les reptiles), mais allaite les petits survivants qui ne sont pas le nombril du monde pour la bonne et simple raison qu'ils n'en ont pas ! Ne vivant que dans l'est de l'Australie, les ornithorynques tentent de s'éviter de trinquer en construisant leur terrier au-dessus du niveau de l'eau et en dénichant leurs aliments dans la vase – pas de problème, ils ont des « palmes aux pattes » – à la nuit tombée, emploient leur bec de canard électrosensible pour débusquer les infimes courants électriques de vers, larves ou insectes qui circulent pourtant sans antenne généralement…

Comme je comprends qu'avec un Smartphone en main, je peux capter beaucoup d'informations, même sensorielles (pas que visuelles, sonores ou tactiles), j'essaie de m'en décharger le plus souvent possible pour calmer mes nerfs… À l'évidence, je suis sensible, électrique même quand j'enfile ou retire un pull – aïe, les coups de jus ! – inutile d'en rajouter avec la « sensiblerie » des autres : leurs cœurs artificiels, prothèses articulaires ou auditives, fauteuils électriques en plus de leurs téléphones portables bourrés de trucs informatiques, personnels, professionnels, sons, vidéos ou photos numériques, trop lourds à gérer pour

leur modeste capacité de mémoire, comme pour la mienne d'ailleurs. Je déconnecte tout et cours me réfugier au calme, au bord de l'eau, ou en forêt pour retrouver la sérénité dans une forme de solitude en pleine nature. Bon, d'accord, il y a des poissons dans l'eau, des vers de terre sous le tapis d'herbes fraîches, des petits oiseaux qui chantent de temps en temps et des écureuils qui se chamaillent, mais ces bruits-là, je gère...

MUSICIENS COMME LES CANARIS

« Je jurai, en sortant de l'Opéra, que, malgré père mère, oncles, tantes, grands-parents et amis, je serais musicien. »

Hector Berlioz

Ses auditeurs le connaissent pour la joie qu'il apporte dans une maison, et pas seulement pour sa couleur jaune citron soleil.

Le chant de ce piaf, plus prononcé chez le mâle que chez la femelle, même en captivité, est largement du niveau de celui du chardonneret si coloré, du merle tout noir si intelligent qu'on le surnomme le Beethoven des oiseaux, du plus discret grisâtre rossignol qui se fait entendre à la nuit tombée ou du mignon rouge-gorge toujours prêt à s'approcher des humains…

Seulement, il s'agit là d'espèces vivant en liberté, moins influencées par les bruits de machines à laver le linge ou la vaisselle, d'automobiles klaxonnant à la télévision, les nombreuses voix sortant de la radio ou du Smartphone de l'ado de la famille, qu'entendent forcément les canaris en cage dans la cuisine.

Ils ont été domestiqués il y a très longtemps à partir du serin vert-brun des îles Canaries (du nom latin *Canariae insulae* signifiant « îles aux chiens »), à une époque où ces lanceurs d'alerte à plume étaient élevés comme les pinsons, afin de prévenir les hommes dans les mines d'un danger de coup de grisou. Les émanations trop importantes de dioxyde de carbone les asphyxiant rapidement, ils ne pouvaient plus reprendre leur respiration et changeaient de comportements avant de mourir. Il aurait fallu vite « s'envoler » vers la surface pour s'échapper de cette grotte d'enfer chargée de gaz toxiques et pouvoir reprendre du souffle à l'air libre. Le canari, signal sonore d'un système d'informations animal pour renseigner les humains au même titre que le pigeon voyageur transportant de courts textes pour communiquer en temps de guerre mondiale... Aujourd'hui, en cas de nouveaux conflits ou de menaces pour l'humanité d'une telle ampleur, l'oiseau serait-il numérique, et s'imprimerait-il sur Twitter ?
D'ailleurs, alerte aux Canaries, îles volcaniques espagnoles proches du Cap-Vert en face du Sahara occidental au nord-ouest de l'Afrique (Maroc), La Palma était en 2018 à nouveau secouée par de petits séismes alors que son volcan Cumbre Vieja a le flanc ouest brinquebalant. 25 km de

long sur 15 de large, si instable qu'il est surveillé comme le lait sur le feu par les géologues et informaticiens du monde entier ! Pour ? Risque d'effondrement majeur, lequel pourrait provoquer un mégatsunami en Atlantique, dont la vague de quelques centaines de mètres de hauteur atteindrait très vite une partie de la côte Est des États-Unis et de l'autre côté, de la côte ouest du continent européen… Bref, surveiller l'état des canaris est toujours une bonne idée. Il s'en vend toujours dans les animaleries et magasins spécialisés dans le jardinage, approvisionnés par les éleveurs de l'Union Ornithologique de France (UOF) ou autres qui leur font peut-être écouter de la bonne musique pour les préparer à leur destin de chanteurs, ou au moins de mélomanes, « musicophiles » si vous préférez ? En espérant que les potentiels propriétaires des oiseaux n'écoutent pas que de la « daube » à la radio, sur leur chaîne hi-fi lecteur laser ou leur ancien tourne-disque vinyle 33 et 45 tours…

Du reste, profitons pendant que nous le pouvons de bon matin, nous qui n'avons pas d'oiseaux en cage à la maison, des chants d'oiseaux 100 % naturels. Et n'oublions pas que d'autres animaux se collent à la mission d'éduquer nos oreilles aux douces mélodies ou, au contraire, aux cris plus sauvages entendus jadis dans les forêts primaires : grands classiques avec les adorables et colorés inséparables, les plus criantes perruches ondulées capables

d'articuler ou répéter sur le même ton les mots pas forcément intelligibles, les bribes de discussion humaine de la maison (ou de l'immeuble !), et les beaucoup plus imposants perroquets qui, de fait, s'achètent à l'unité pour tenir dans un modeste appartement comme le gris du Gabon, le Youyou du Sénégal ou le cacatoès d'Australie…
Vue, audition et musicalité : autant de sens que peuvent facilement éveiller chez nous pauvres humains, même en captivité, ces grands oiseaux dont les racines de l'arbre généalogique restent sauvages. Une telle cohabitation présente l'avantage de nous rappeler l'exigence qu'il faut avoir en matière d'écoute et le prix qu'il faut mettre dans les appareils – radio, télévision, lecteur baladeur, etc. – qui diffusent des sons, des voix et de la musique, y compris dans les casques audio orientés directement vers nos fragiles tympans dans cette caisse de résonance qu'est l'oreille moyenne. La réduction des bruits parasites est la seule façon de se concentrer et d'isoler les auditeurs du brouhaha des autres dans le métro, le bus, le train, ou dans une rue alors qu'il y a un embouteillage et que les automobilistes sont en colère.

Et si nous ne sommes pas bons chanteurs, même sous la douche, peut-être qu'il ne faut pas pour autant renoncer à prendre des cours de musique, à l'extérieur avec les oiseaux, ou à l'intérieur avec des profs plus humains. Il y a l'embarras du choix dans les trois familles d'instruments :

à cordes, à vent (bois et cuivres) ou à percussion. Pourquoi ne pas se lancer dans l'apprentissage d'un ou de plusieurs d'entre eux en espérant jouer dans quelques années correctement tout en y prenant un certain plaisir : piano, clarinette, flûte traversière, hautbois, saxophone, trompette, guitare, contrebasse, violon, tambour, harpe, orgue, etc. Et qui sait, peut-être un jour, intégrer un orchestre philharmonique ?

Si j'aimais écouter les oiseaux au réveil dans ma jeunesse, il n'y a pas de raison que ça change aujourd'hui… Sauf bien sûr si les meilleurs chanteurs ont disparu ou que j'ai été obligé/obligée de déménager en ville, dans un coin qui n'attire que les pigeons ? Dans ce cas, régulièrement, je retourne dans les bois pour écouter les oiseaux « piaffer » à l'état sauvage. Et si je n'ai pas cette chance, j'entraîne mes oreilles à reconnaître les rythmes tout en prenant soin de mon sens de l'audition en écoutant une grande diversité de musiciens/musiciennes et chanteurs/chanteuses : de la techno-dance (des années 1990 ou les DJ Bob Sinclar, David Guetta ou le défunt Avicii, qui font bouger plus en marchant, voire danser casque sur les oreilles) à la « variété française » qui fait réfléchir beaucoup plus qu'il n'y paraît (Edith Piaf, Claude

François, Jacques Brel, Georges Brassens, Charles Aznavour, Johnny Hallyday, Michel Sardou…), voire de la musique américaine même si vous ne parlez pas anglais. Après tout, vous avez forcément écouté *Thriller* de Michael Jackson sans comprendre le sens précis des paroles, mais globalement vous avez aimé. Même une composition sans paroles comme un bon *Boléro* de Maurice Ravel : ah ! Parce que, quand même, la musique classique, « c'est de la balle » et pas que grâce à Wolfgang Amadeus Mozart, dans les comédies musicales ou les dessins animés de Walt Disney…

DES YEUX PROTÉGÉS DU SOLEIL COMME LES GIRAFES

« Bientôt le cheval sera sur la terre quelque chose d'aussi étrange que la girafe. »

Jules Renard

Il n'en existe qu'une seule espèce *(Giraffa camelopardalis)* et 8 sous-espèces autrefois plus répandues sur le continent africain. Il y a 1 400 ans, on en rencontrait volontiers au Maroc, en Gambie à la fin du XIXe siècle, au Mali, au Niger, au Nigeria, en Mauritanie, au Sénégal, puis la girafe a commencé à disparaître. Maintenant, elle vit dans quelques endroits d'Afrique centrale, jusqu'au sud et en plus forte concentration en Tanzanie. Parfois chassée de façon illégale pour sa peau, sa viande et sa queue, elle reste une espèce protégée à fort potentiel de reproduction (disons plutôt qu'elle fait souvent l'amour, forcément acrobatique !). Et même habituée à vivre sous le soleil, elle souffre aussi des périodes de sécheresse trop sévères liées au réchauffement de la planète. Dans la nature, en dehors des humains qui grignotent son territoire d'année en année, elle a pour seul réel ennemi le lion, éboueur d'Afrique capable de profiter de sa vulnérabilité – individu affaibli ou très jeune – pour la dévorer toute crue-cuite au barbecue sauvage et la faire disparaître ainsi du « plancher des vaches »…

Mais en bonne santé, grâce à un cou long de 2 m, elle le voit, lui comme d'autres, venir de loin ! Elle est en effet 3 à 4 fois plus grande qu'un être humain adulte avec sa taille de 5 à 6 m. Voilà qui fait d'elle d'ailleurs le plus haut animal de la Terre, même si ce record est modeste comparé à l'un des plus gigantesques dinosaures herbivores (sauropodes) qui a vécu à cheval entre le jurassique et le crétacé : le brachiosaure au cou interminable, 12 m de haut, 26 de long. Lui habitait en Afrique, Europe et Amérique du Nord il y a 150 millions d'années lorsque les aliments qu'il broutait se trouvaient sur des arbres encore gigantesques et abondants : des feuilles sur les ginkgos et cycas (proches des palmiers), des aiguilles sur les conifères et des prêles et fougères au sol.
Aujourd'hui, il est normal de penser que l'anatomic dc la girafe a évolué pour s'adapter au mieux à ses conditions de vie, son environnement et son régime alimentaire. Quand elle n'est pas logée dans un zoo en région parisienne, bien entendu…

Perchée sur ses sabots et ses longues jambes fines dans la savane en Afrique, animal terrestre qui voit le sol de plus loin que n'importe quelle espèce de la région où elle vit et aperçoit mieux l'horizon – aussi bien que vous équipé de jumelles – du coup voit-elle aussi le soleil de plus près ? Pas bête comme intuition. Et à y regarder de très près, si la girafe ne peut se maquiller comme les habitants de la vallée du Nil au temps de l'Égypte ancienne – ce grand mammifère était encore intégré à cet écosystème avant d'en disparaître comme le lion, l'éléphant ou l'oryx au cours d'une crise biologique probablement liée à des raisons climatiques et humaines déjà (sécheresse, épidémie, chasse) – elle a pourtant le même genre de regard que les Égyptiens dessinés sur les fresques de leurs tombes. Et deux ossicônes sur le dessus du crâne, appendices osseux qui permettent plus de donner des coups de tête aux rivaux qu'à participer à une meilleure thermorégulation du cerveau en plein cagnard ou à crâner… Vous, portez un beau chapeau, dans tous les cas c'est utile !

Elle, pour ne pas bouillir, a des yeux quasiment noirs, le bord des paupières noir et de si longs et splendides cils qu'on les croirait divinement balayés d'une touche de mascara, la classe ! Que la nature est bien faite. Et si ce n'est pas l'œuvre de sa proximité avec le dieu du Soleil, que les Égyptiens appelaient Rê ou Râ, alors l'évolution agit volontiers avec grâce, et avec l'agilité d'un « crayonneur » professionnel.

Conclusion ? Par mesure de prévention, les femmes à la peau plus fine que les hommes, surtout lorsqu'elles résident dans des villes ou des régions où le climat est chaud, sec et très ensoleillé et les jours de pluie rares, doivent apprendre à manier le crayon avec précision, ou fréquenter régulièrement des salons de coiffure/maquillage. Elles ne devraient jamais sortir sans s'être maquillé les yeux, surtout les jours de beau temps : crayon sombre sur le contour, et Rimmel sur les cils. Mieux qu'une question de beauté, c'est à l'évidence un acte de santé oculaire basique quotidien, comme boire suffisamment d'eau pour ne pas périr déshydratée comme une momie... D'ailleurs, quand il fait très chaud : toute la peau perd de son eau, et les lèvres se déshydratent, comme en hiver en altitude sur les sommets enneigés où le soleil semble plus proche. Et porter du baume hydratant, rouge, corail, nacré ou rose, n'est pas une fantaisie, mais le seul moyen pour une femme de protéger sa bouche de la sécheresse. Et un joli sourire, ce n'est pas seulement prendre soin de ses dents en luttant contre le jaunissement lié à la cigarette ou la pollution ! Pour l'hydratation de l'intérieur du nez aussi d'ailleurs et de la bouche, ces messieurs ont l'avantage de pouvoir porter la moustache et la barbe qui, si elles sont soigneusement entretenues, maintiennent

un degré d'humidité supérieur grâce à la vapeur d'eau rejetée lors de la respiration et maintenue par les poils…
Pas de chance pour ces dames, avec le réchauffement climatique qui guette et les canicules, il va leur falloir accepter d'investir – parfois le jour même – dans un foulard et posséder une collection d'écharpes pour se couvrir le nez en cas de pic de chaleur ou de pollution. Évidemment, avoir toujours à portée de main une paire de lunettes noires de qualité est indispensable. Quand elles sont bien dessinées et en harmonie avec la forme du visage et le teint – il faut reconnaître que le styliste Karl Lagerfeld était à lui seul l'emblème d'un tel conseil, pourtant, il était blanc, allemand vivant en France et pas noir d'origine africaine, mais quelle classe ! – les lunettes noires vont à tout le monde, aux messieurs comme aux dames.

En ces périodes de perturbations climatiques, on ne peut faire l'impasse sur ce qui apparaît aux yeux de certains comme de simples effets ou accessoires de mode, et d'autres comme des moyens de prévention pour limiter les effets des hausses de température sur les corps humains. Impératif d'ordre quasi médical avec, à la clé, des gens plus heureux et surtout moins d'hospitalisations – et de morts – inutiles en été… Du coup, une femme a le devoir de mettre le prix dans des crayons, fards à paupières, mascaras et rouges à lèvres ! Et hommes et femmes doivent investir dans des lunettes de soleil de qualité, faciles à porter qui mettent le visage en valeur. Dans le cas où elles ne seraient pas belles et confortables, si l'on ne se sent pas à l'aise dedans et qu'on les oublie volontairement parce qu'elles sont aussi pénibles à porter en public qu'un appareil dentaire, le risque est de finir aveugle très tôt… Alors, jeunes ou pas, on se moque du « qu'en dira-t-on », et on se paye des lunettes ultra chics à la hauteur de sa vue et les chapeaux qui vont avec, été comme hiver !

CE QU'IL FAUT RETENIR DE NOS AMIES LES BÊTES

Réactifs aux ondes lumineuses, sonores, électromagnétiques

- Je ne cache plus mon exaspération quand on s'en prend à moi. Je suis et serai toujours mon meilleur avocat.

- Je me décharge le plus souvent possible de mon Smartphone pour ne pas être trop exposé aux ondes. J'apprends à me déconnecter un peu tous les jours en ne m'autorisant que les bruits de la nature.

- Hiver comme été, je protège ma vue avec des lunettes de soleil de qualité.

- Lors de mes promenades nocturnes, je fais attention de toujours bien rester visible avec des vêtements fluo. Ma sécurité doit toujours rester ma priorité.

4

BIEN-ÊTRE ET ÉCOLOGIE

STYLÉS EN ROUGE ET NOIR COMME LES COCCINELLES

« La mode n'est pas quelque chose qui existe uniquement dans les vêtements. La mode est dans l'air, portée par le vent. On la devine. La mode est dans le ciel, dans la rue. »

Coco Chanel

Pourquoi tout le monde – hommes, femmes, enfants – trouve les coccinelles surnommées bêtes à bon Dieu adorables ? Ces délicats insectes ailés, rouges comme des Ferrari fatales, semblent porter des grains de beauté et se repèrent au premier coup d'œil dans la verdure, même par ceux qui ne sont ni jardiniers, ni photographes naturalistes amateurs... Peut-être parce qu'il est connu qu'elles réduisent l'usage de produits phytosanitaires en participant à la lutte biologique contre des invertébrés dits nuisibles : pucerons, cochenilles farineuses, acariens. Elles s'en nourrissent, mais consomment également des champignons ou des plantes selon les espèces, comme la coccinelle de la pomme de terre.

Ou peut-être tout bêtement que cela n'a rien à voir avec le jardinage, seulement avec le mariage des couleurs, le rouge et le noir allant très bien ensemble, même en couverture d'une œuvre littéraire ! Reconnaissons toutefois que pour nous, humains habillés par les grandes industries textiles plus que par les créateurs et stylistes de mode ou as du *re-looking*, le rouge reste une couleur difficile à porter. Ah ! La mode… Rapport au sang une fois encore qui a coulé trop facilement durant les guerres et premier accusé observé à la loupe dès qu'une maladie est suspectée. Il est noir en séchant « au grand soleil » dans *Le Chant des Partisans*[2], mais rouge dans l'être qui vient de sortir du ventre maternel, coloré d'hémoglobine, pigment qui donne cette teinte à nos muscles comme à l'entrecôte de bœuf pas très cuite… Oui, pas facile, inconsciemment ou non, de porter du rouge dans sa tenue et de l'associer à une autre teinte – sauf peut-être au bleu comme dans le drapeau français ? – sans risquer la fausse note, le faux pas, voire de susciter la nausée chez ceux qui croisent du regard ou observent de la tête aux pieds. Les femmes, qui souffrent des règles une semaine par mois sans tourner de l'œil à la vision de l'hémorragie mensuelle tombée dans leur slip, comprennent mieux la difficulté de porter un simple vernis grenat aux ongles ou pire, du rouge à lèvres. Les hommes ont bizarre-

2. Musique Anna Marly, paroles Maurice Druon et Joseph Kessel, 1943.

ment du mal avec le rouge porté par les femmes, eux qui pourtant d'ordinaire consomment plus de viande rouge : la couleur du sang, des blessures aussi, des règles souvent douloureuses et, bien sûr, de l'épisode de la naissance de chaque être humain à l'état de bébé sorti du ventre de sa mère…
Discrète audace en tout cas aujourd'hui, dans certains milieux, quartiers ou métiers, pour les femmes plus ou moins frêles, de porter du vernis voyant ou du baume à lèvres d'un rouge vif justement, voire un vêtement ou un accessoire de mode de cette couleur sans risquer de se faire qualifier lâchement de « pute » par des hommes costauds, qui peut-être se goinfrent chaque semaine, hiver comme été, de côtes de bœuf, charcuterie et lardons à toutes les sauces ! Les femmes préfèrent souvent se taire devant ce machisme bidon, n'osant répondre à l'insulte incompréhensible par une insulte plus débile encore. À l'évidence, la discussion, qui n'en est pas une, finirait dans la brutalité, peut-être après la violence des mots dans le sang, encore, rouge comme celui des règles douloureuses…

En même temps, si le diable se cache dans les détails, même colorés, le paradis aussi (les fraises et les cerises sont délicieuses, nature, en confitures, tartes ou clafoutis). Bref, tout est surtout question d'éducation et d'apprentissage en fin de compte. Une viande finement sélectionnée, achetée, découpée et préparée chez des artisans bouchers, puis cuisinée et présentée dans une assiette, est certainement appréciable à savourer au palais. Qui sait si elle ne ferait pas causer un homme longtemps après la dégustation, avec une femme à la bouche joliment dessinée, colorée de rouge et qui a quelque chose d'intéressant à raconter comme son interlocuteur… Si la qualité des couteaux à découper et l'art de les manier sont importants dès qu'il est question de viande dans la bouche des hommes, pourquoi n'en serait-il pas de même avec la qualité du maquillage et l'habileté à employer les crayons et les pinceaux sur le visage pour les femmes ?

Personne ne compare les bêtes à bon Dieu avec des prostituées pourtant, ce sont même les jardiniers – hommes – qui probablement s'émerveillent devant autant de délicatesse dans la nature. Mais qu'une femme soit maquillée avec du rouge, aux yeux ou sur les lèvres, et tout de suite ce peut être le scandale et les messes basses… Voilà pourquoi il est beaucoup plus de facile de se contenter de porter de beaux sous-vêtements rouges, toujours appréciés eux, dévoilés dans l'intimité, allez comprendre ! Conclusion, en ville comme à la campagne, il faut certes avoir bon goût – un certain style – pour se faire remarquer tout en se fondant dans le décor, marquer les esprits en somme, oui, mais pas n'importe comment.

Y compris lorsqu'il s'agit de vêtements. C'est vrai qu'en pull polaire, il vaut mieux être mince pour porter du rouge… D'ailleurs, à la montagne, dans les Alpes enneigées, il passe comme une lettre à la poste sur les confortables combinaisons des moniteurs de ski, pas toujours le bonnet sur la tête. Bien aussi, le perfecto en cuir comme celui de Michael Jackson dans *Thriller* ou ailleurs quand il était encore noir et vivant, entouré de morts… Ou le célèbre couvre-chef (« chef », tiens, tiens, du latin *caput* signifiant aussi tête) de l'aventurier des mers : le commandant Jacques-Yves Cousteau, plongeur en habit humide noir ou argent quand il ne portait pas au sec son bonnet, sa chemise en jean (sans cravate rouge, très jolie sur une chemise foncée et sous un costume chic) ou son col roulé sur un bluejean, forcément, de capitaine planète à bord de la Calypso ou d'un super hélico.

Il y a aussi l'emblématique écharpe rouge de Christophe Barbier, qui n'est pas seulement célèbre parce qu'il prend soin de sa gorge, mais aussi et surtout parce qu'il a un sens de l'analyse du monde politique très fin, et parfois même très drôle. Les deux sont compatibles, mais pour un rédacteur en chef de magazine hebdomadaire sérieux comme *L'Express*, journaliste maniant la plume comme l'art de s'exprimer, ce n'était pas gagné d'avance dans un pays comme le nôtre.

Quant à ces dames, elles s'accrochent encore un peu à ce tube des années 1980 de Jeanne Mas qui décrivait déjà cette envie, ce besoin, d'apprendre à porter correctement du rouge et du noir, de jour comme de nuit, au bureau ou en sortie… Peut-être avec des bottines en cuir rouge ou un manteau de velours ? « Si l'on m'avait conseillée, j'aurais commis moins d'erreurs, etc. Et j'aurais soigné ma peau, blessée par les froids d'hivers, j'aurais mis de la couleur sur mes joues et sur mes lèvres, je serais devenue jolie, etc. Mes yeux ne veulent plus jouer, se maquillent d'indifférence, je renie mon innocence. En rouge et noir, j'exilerai ma peur, etc. » chantait Jeanne en mai 1986…

Je fais attention à la façon dont je me mets en lumière avec les matières et textiles. Le haut doit être assorti au bas sans tomber dans l'éternel noir : « obscurité vestimentaire » qui va à presque tout le monde certes, mais c'est risquer l'invisibilité dans le paysage… Alors qu'une simple note de couleur, même discrète, peut faire la différence. Pourquoi pas aux pieds ?

PAISIBLES EN ÉTÉ COMME LES CHATS

« Conquérir l'amitié d'un chat est chose difficile. C'est une bête philosophique, rangée, tranquille, tenant à ses habitudes, amie de l'ordre et de la propreté… »

Théophile Gautier

Tranquille « au vert » ou actif dans le silence de la nuit, le chat a ses techniques pour supporter les fortes chaleurs. L'été 2018 a été marqué, partout dans le monde, par de mémorables et douloureux épisodes caniculaires. Or, déjà, sont annoncées de telles séries, tuantes, pour les cinq années à venir ! Preuve que le réchauffement de la planète, lié entre autres aux activités humaines, n'est pas une invention des scientifiques pour faire peur aux politiques ou aux braves citoyens consommateurs, mais qu'il a un impact à plus ou moins long terme sur leur état de santé.

Citoyens plus ou moins conscients, eux, de l'impact de leur présence sur Terre et de leur place dans cet écosystème global. Bienheureux, les chats adoptés par les familles ou errant seuls dans les rues ne se posent probablement pas tant de questions… D'ailleurs, ils sont peu dépensiers en énergie, ces animaux. Dépensiers en revanche, leurs « parents », propriétaires ou maîtres comme vous voulez, le sont à leur place, un comportement qui ne se voit pas dans les gamelles mais se ressent après que leur contenu en lait et autres hachés gourmets ont été avalés. Résultat, de l'obésité à la clé, qui rend certainement plus lent et paresseux qu'économe, chat alors !

Quoi qu'il en coûte, dès qu'il commence à faire très chaud, les matous adoptent des « trucs » pour échapper à cette fièvre qui file la nausée aux humains par temps caniculaire. Bien sûr, Félix qui n'est pas Milou sait lui aussi qu'il fait plus frais à l'ombre d'un arbre que dans une voiture garée en plein soleil en ville. Mais comme ces mammifères sont beaucoup plus petits et libres sans laisse, ils quittent plus facilement leurs appartements pour rejoindre les espaces verts du quartier, même si les arbres y sont rares.
Ainsi, il n'a rien d'étonnant à surprendre le chat allongé au calme, rêveur, pensif ou endormi, de tout son long dans un coin discret sur une pelouse bien verte, au fond d'un bac à fleurs – même vide, une vague impression d'obscurité sans doute – ou à mi-hauteur dans un trou de haie ! Dans ce noir tout relatif, ce n'est pas seulement la fraîcheur que

Félix semble rechercher mais il cherche aussi à s'isoler du reste du monde. Pratique-t-il le yoga pour se reconnecter à ses propres instincts ? Ce qui ne l'empêche pas de revenir, de miauler en marchant délicatement pour retrouver sans forcer le confort douillet de l'appartement au retour de ses propriétaires toujours sous le charme, alors que le félin en a profité pour chasser, pour rien, un oiseau ou un rongeur enragé par la chaleur comme les habitants encore en vie du quartier… La gamelle sera pleine.

Au sol, sur la terre attendrie par les herbes fraîches qui résistent encore à la sécheresse et aux vers dessous qui essaient de la brasser encore, les chats ont le don de nous montrer qu'une bonne sieste se prépare et s'apprécie. Elle permet de faire passer le temps sans stress en attendant la chute de température en fin d'après-midi et donc, un agréable retour à l'activité : travail, sport, etc. Les humains devraient en prendre de la graine pour adapter leur rythme sur les aléas climatiques : les bulletins météo permettent tout de même d'anticiper leurs choix sur deux ou trois jours sans trop se planter… Enfin, pour ceux qui ont un jardin, ils feraient bien d'investir dans des outils de jardinier et même dans un bon hamac pour l'été prochain. D'ailleurs, reboiser les villes, peut-être pas pour en faire des champs, il est nécessaire d'y songer sérieusement et intelligemment. Partout, les espaces verts ont besoin de nouveaux arbustes pour épauler les arbres âgés de dizaines d'années, rarement du demi-siècle ou plus, sauf dans les campagnes. Les chats préparent déjà leur sieste d'été en hiver, eux, alors pourquoi pas les humains ?

L'été, au calme, je garde l'esprit apaisé et le corps au frais en m'allongeant chaque jour si possible dans un pré tendre, à l'ombre des arbres comme le font les chats. Et si je suis exceptionnellement accompagné/accompagnée d'amis qui pique-niquent avec gourmandise sandwichs et autres cochonneries emballées, j'en profite pour essayer de faire le vide en leur indiquant que puisque la nature n'est pas une décharge à ciel ouvert, il ne faut pas oublier de ramasser les déchets en repartant !

FIDÈLES COMME LES CHIENS

« Plus j'en apprends sur les gens, plus j'aime mon chien. »

Mark Twain

Dans son album *Les Feux d'artifice* sorti en 2014, le chanteur Calogero abordait le thème de la fidélité qui tenait essentiellement à son café et à la musique, plus qu'à la religion ou à l'amour… Peut-être, lorsqu'il évoque un sixième sens, fait-il référence à ce lien de communication extraordinaire qui peut exister entre l'humain et l'animal ? Le chien est un descendant du loup, étant toujours décrit avec une fidélité absolue malgré ses origines sauvages. Est-ce une mauvaise traduction de la part de l'auteure de ce livre qui écrit sous la surveillance de son chien (yorkshire femelle âgée de 12 ans) ? Le mot « chien » n'apparaît en effet pas une seule fois dans les paroles de la chanson de Calogero. Oui, mais franchement, la musique est bonne et l'interprétation s'y prête : « Fidèle », un vrai feu d'artifice, un régal !

Bref, quand on fait la démarche d'acheter un jeune chiot ou de récupérer un vieux chien, il faut être sérieux : ce n'est pas un accessoire de mode qu'on achète sur un coup de tête pour l'abandonner très vite quand on le trouve passé de mode justement.

À tel point qu'une femme tenant son chien en laisse peut se permettre de se passer de sac à main en cuir quand ils marchent ensemble dans la rue ! Éventuellement, un très joli et confortable sac à dos sur sa veste ou son manteau fera l'affaire. En revanche, elle sera obligée d'avoir quelques paires de bottes de rechange et des gants pour l'hiver, bonnets et écharpes, car il faut régulièrement sortir le toutou dans la journée, qu'il fasse chaud ou froid. Et comme le chien adore aller fourrer sa truffe dans les feuilles mortes en automne, la gadoue des sous-bois en hiver ou les laisses de mer gavées de mollusques et d'algues en train de « pourrir » tranquillement sur la plage après une tempête d'automne, il est interdit à Madame de faire la précieuse et d'avoir peur de mettre les mains dans la bouillasse…
Du coup, par fidélité envers son chien, elle s'en fout comme de l'an quarante de ne pas pouvoir défiler dans les rues de Paris en tailleur sur escarpins croco vernis assortis à une pochette, toute pomponnée des pieds à la tête. L'animal aussi, qui marche aux pieds de sa maîtresse en ville et a le

temps de se dire que ce n'est pas toujours une réussite, les pompes qu'il croise à longueur de promenade…

Ensemble, le chien et l'humain acceptent de rentrer un peu crados, tranquillement ou au pas de course. Cohabiter avec une bête, c'est sportif, et la mode urbaine n'est pas toujours adaptée à ce style de vie de « couple » !

Alors, il y a des gens fidèles à une marque de chaussures de ville, de baskets, de café, et plus encore à leur chien qu'ils n'abandonneraient jamais mais qui sont infidèles au lit comme l'annonce la chanson… Un comble pour des gens qui dorment seuls le plus souvent, célibataires par choix ou par la force des choses. Parce que pour rencontrer l'amour, il faut être prêt et accepter d'aller plus loin dans une belle histoire. Ce qui est parfois difficile, surtout si le chien a du mal à accepter l'autre. Imaginez quand l'homme et la femme ont chacun leur chien, bonjour l'angoisse ! Mais il y a pire, les gens qui prennent un chien ne renonceraient pour rien au monde à leur Smartphone ou à la télé coûtant une fortune et abandonnent sans état d'âme la bête qui leur a tenu compagnie quelques mois, quelques années, le long d'un chemin ou d'une route déserte dans une forêt isolée… À moins que ce ne soit le chien qui se sauve de cette relation infidèle et inhumaine ?

Avant de me lancer dans l'aventure affective qu'exige le chien, en plus de la fidélité, je prends conscience que l'histoire entre moi, humain, et l'animal durera une décennie au moins, peut-être deux si la relation est forte, faite de confiance et de coup de cœur réciproque. Ça coûtera un peu d'argent – mais peut-être beaucoup moins qu'un divorce, une pension alimentaire et les frais classiques que coûte un individu à la société française quand il grandit (scolarité, sécurité sociale, mutuelle, allocations familiales…) –, c'est ce que j'ose dire sans rougir à ceux qui me critiquent parce que je suis toujours célibataire sans enfant à plus de 30 ans passés… Je suis toutefois disponible pour une belle histoire d'amour basée sur la fidélité.

ÉCONOMES AVEC SES RESSOURCES COMME LES CHAMEAUX

« Souvent on filtre un moustique tout en avalant un chameau. »

Mikael Agricola

Encore une question d'eau, ou plutôt d'économie d'eau. Un peu comme Quasimodo, le pauvre bossu du roman de Victor Hugo *Notre-Dame de Paris*, paru en 1831, le dromadaire – qui n'est pas un chameau – se trimballe une bosse sur le dos, en réalité une réserve nutritionnelle et hydrique pour survivre aux conditions extrêmes qui règnent dans le désert. Pour ceux qui s'intéressent à l'étymologie, aux racines latines et grecques des mots, sachez que « dromadaire » vient du grec *dromeus* signifiant coureur et que le nom de l'espèce en latin est *Camelus dromedarius*. En fin de compte, le dromadaire est une espèce de la petite famille des chameaux (ou camélidés).

Ce mammifère herbivore, dont le poids se situe entre 500 kilos et 1 tonne, résistant à la sécheresse, à la sous-alimentation et à une hydratation réduite à son maximum, a beaucoup d'endurance et heureusement pour lui si nous allons vers un monde réchauffé de plus en plus sec, où l'eau devient plus précieuse que l'or… L'adaptation de son métabolisme au climat du désert chaud lui permet de marcher et de transporter des gens et des marchandises – parfois les valises de touristes, parfois des armes dans les pays en guerre – même sous un soleil de plomb… Plus sa bosse, du gras !
Le dromadaire – à une bosse donc – se rencontre dans le nord de l'Afrique jusqu'au Moyen-Orient et en Australie où il a été introduit au cours de la seconde moitié du XIXe siècle. Le chameau – à deux bosses – préfère les steppes parfois verdoyantes, ou froides et enneigées, selon les saisons en Asie centrale. Comme on ne s'en souvient jamais, juste une idée, retenez BD et CD pour Dromadaire à une Bosse, Chameau à Deux. Et pour résumer, le premier supporte de crever de chaud, le second de crever de froid.

Pourtant, ces bosses ne sont pas des sacs à dos remplis de provisions comme ceux des courageux, forcément non-fumeurs, qui décident de gré ou de force de vivre sans voiture et font leurs courses à pied. Ils travaillent peut-être de chez eux ou dans une entreprise, voire une zone industrielle, qu'ils rejoignent à vélo en respirant dans l'air les gaz d'échappement des autos des autres !

Du coup, ces marcheurs quasi sportifs de tous les jours ont certes un budget limité, mais d'une certaine façon, dépensent mieux et peut-être plus souvent que les beaucoup plus nombreux automobilistes, paradoxalement plus sédentaires… D'où l'importance d'une gestion difficile de leur pouvoir d'achat et de se maintenir en bonne santé dans ce rapport hélas déséquilibré entre les deux parties.

Au moment des courses, les marcheurs ramènent en effet la marchandise « à dose d'âne » : bonjour le stress hydrique en période de grand froid, pluie ou canicule… Eux n'ont pas de toit, chauffage ou clim à bord pour supporter les écarts de température et l'humidité, ou la sécheresse, et ils doivent surtout compter sur leur montre et leur sens de l'orientation s'ils veulent éviter le gaspillage de temps et d'énergie dans les conditions météorologiques difficiles. Dans tous les cas, ils se débrouillent sans GPS, n'ont pas besoin de caddy en supermarché, préfèrent les commerces de proximité et peuvent emporter moins de produits dans leur chouette sac à dos ou cabas à porter sur l'épaule que s'ils étaient venus en voiture équipée d'un grand coffre. D'ailleurs, les packs d'eau ne sont pas pour eux. Ces gens-là, avec leur sac à dos-bosse comme un dromadaire, boivent l'eau du robinet éventuellement filtrée par une jolie carafe écologique et la promènent au cas où dans une petite gourde en matériau recyclé. Quant aux aliments qu'ils achètent, de préférence bio, peu emballés de plastique, ils les préfèrent de qualité, peu encombrants et pas trop lourds. Car il faut être en mesure de tenir sur la distance pour assurer les dépenses énergétiques plus exigeantes les jours de courses... Pour fonctionner correctement, les muscles réclament leur dose quotidienne de protéines, sucres lents et rapides, et comptent toujours sur les graisses de réserve.

Voilà pourquoi ils prennent le temps de sélectionner des aliments en vrac et des marques auxquelles ils restent fidèles une fois les bienfaits nutritionnels et les qualités gustatives de ces produits de base effectivement démontrés et appréciés : farines, huiles, boissons, purées, flans, gâteaux à base d'oléagineux (amandes, noix, noisettes, pistaches, noix de coco), riz, légumineuses (soja, lentilles, pois cassés, pois chiches, haricots), légumes, fruits, chocolat, café, etc. Les marcheurs profitent volontiers de haltes dans les bars et bureaux de tabac qui se trouvent sur leur chemin, mais ils ont plus les moyens de s'offrir un journal ou un loto qu'un paquet de cigarettes qui montre des gens en détresse respiratoire ou à l'agonie à cause d'un cancer, même sur les paquets de... Camel ! Autrefois, la belle image du dromadaire devant une probable oasis y était réduite à sa plus simple expression : trois palmiers et une pyramide d'Égypte sur fond orangé, ambiance désert martien. Elle avait probablement fait rêver d'évasion leurs parents fumeurs qui s'imaginaient un avenir professionnel meilleur que celui d'ouvriers/ouvrières à l'usine. Il y avait le certificat d'études d'abord – ah ! La grande école, quel niveau à l'époque ! – puis l'université peut-être, avoir le courage de suivre jusqu'au bout les cours, concentrés du matin au soir sans pause cigarette au bec, parfois un café, le temps de s'imaginer dans des postes futurs à la hauteur de ses envies et de ses ambitions. L'éducation, une bonne manière aussi de lutter contre les inégalités sociales et cette satanée addiction au tabac, flambeur de fosses nasales, trachées, poumons, bouche, œsophage, estomac, etc. et tueur plus vicieux que les sécheresses répétées du réchauffement climatique, ce petit joueur…

Bossez donc et marchez comme le dromadaire et le chameau, sans ignorer le contenu du poids que ces herbivores économes en eau ont sur le dos ! Stupéfaction en plus : un camélidé peut passer deux, voire trois semaines sans manger justement, avec son « garde-manger » pouvant peser 4 à 36 kilos, 15 en moyenne. Dodue et bien dressée en période de grande chère, cette réserve fond comme neige au soleil lorsque le jeûne se prolonge. Logique, l'animal prélève dans sa bosse l'énergie dont il a besoin, bosse qui participe également à la thermorégulation. Vous aurez noté que le dromadaire est relativement mince (sauf du dos ou sauve qui peut ?) à l'inverse des mammifères en général enveloppés dans une couche de graisse sous-cutanée plus ou moins épaisse, surtout après les fêtes de fin d'année

chez les êtres humains, malgré les crises de foie… Gras sous la peau qui leur permet de conserver la chaleur quand la transpiration leur permet d'éliminer les excès des repas de fêtes : buvez, bougez, éliminez ?
Chameaux et dromadaires ont un métabolisme qui fonctionne autrement, en raison des climats et environnements auxquels ils s'adaptent. Ils sont ainsi capables de faire varier leur température interne de 42 à 34 °C en fonction de la température ambiante, écart que ne supporterait jamais votre organisme habitué à ses 37 °C, assez stable sauf en période de canicule ou de forte fièvre : déjà à 38, certains courent chez le généraliste avant même d'avaler une boisson fraîche – de l'eau citronnée, par exemple – pour faire baisser gentiment la température, alors à 39 ou 40, vous pensez… Vive les thermomètres, du grec ancien *thermos* chaud et *metron* mesure !
Dromadaire et chameau, eux, peuvent rester une bonne semaine sans boire une goutte à l'oasis, si difficile à trouver dans un désert ! Et même pas loin de huit pour le dromadaire qui sait se contenter de l'humidité contenue dans les plantes mangées à la saison des pluies.
Une telle résistance est possible grâce à son milieu intérieur – terme en physiologie animale qui évoque l'ensemble de l'intérieur de l'organisme (organes, tissus, fonctions) – qui lutte contre la déshydratation imposée par les conditions extérieures. Anatomie des voies aériennes (narines,

oreille moyenne, fosses nasales, bouche, pharynx, trachée, bronches, poumons, etc.), nombre réduit en glandes sudoripares (transpiration), production d'urine très concentrée, aptitude des globules rouges à supporter l'arrivée d'importantes quantités d'eau dans le sang après l'abreuvement, etc. : autant d'adaptations qui tendent à réduire quotidiennement et en fonction des circonstances les pertes hydriques. Cerise sur ce gâteau sec, la plus stupéfiante des adaptations de l'animal est sa faculté, en période de jeûne, « à consommer » sa propre bosse : une réaction chimique brûle la graisse pour en récupérer de l'eau métabolique, aussi utile aux cellules de l'organisme que si l'animal l'avait bue dans une oasis !

Certes, quand il a soif et qu'il en a enfin l'occasion, le chameau ne fait pas semblant : il boit comme un trou et peut engouffrer en quelques minutes des litres et des litres d'eau, qui lui permettent à nouveau de pouvoir envisager une prochaine marche dans le désert…

J'évite de fumer, ou j'arrête au plus vite, parce que personne ne sait qui pourra marcher ou courir pour respirer à la place d'un fumeur et décrasser les poumons : seul, ça en fait deux à nettoyer, mais à deux, en voilà quatre ! J'évite aussi de gaspiller l'eau et garde en mémoire que quand l'air devient sec, la soif guette. Apprendre à gérer ses réserves

en eau dans les placards ou au frigo comme ses consommations de boissons est essentiel. À ce propos, je n'ignore pas que les parois du tube digestif ne font pas exactement de mon corps un four à micro-ondes qui chauffe très vite les aliments qu'il reçoit ou un réfrigérateur qui les refroidit... Voilà pourquoi on peut se brûler la bouche ou l'œsophage avec un café trop chaud et avoir très mal au ventre ensuite. Manger tiède n'est pas la solution à tous les maux. En revanche, marcher chaque jour comme un dromadaire ou un chameau, même sans traverser le cuisant nord de l'Afrique ou le glacial désert de Gobi, aidera toujours à mieux digérer.

À CRINIÈRE COMME LES LIONS

« N'imitez rien ni personne. Un lion qui copie un lion devient un singe. »

Victor Hugo

Quand même, quand on y pense, pas à la crinière blonde légère du président américain Donald Trump, non, à celle rousse ou brune, épaisse et sauvage du roi des animaux ou de la savane ! Enfin, de ce qu'il en reste… Et quel regard, orangé ! On a fait tourner à *Panthera leo* un film pour Disney, des publicités pour des barres chocolatées censées faire rugir de plaisir, et on ne se souvient même pas d'une quelconque apparition dans une pub pour shampoing. En même temps, en Afrique, c'est un peu comme sur Mars peut-être, on prendrait beaucoup moins de douches. Doucement sur l'eau douce si rare, on préférerait probablement la boire plutôt que de se laver la tignasse avec du savon qui mousse…

Sur la planète rouge, de potentiels vendeurs du basique mais abrasif bicarbonate de sodium, réputé pour ses propriétés cosmétiques, détachantes et nettoyantes dès l'Ancien Empire égyptien, feraient fortune. Même sur Mars avec très peu d'or bleu gardé en réserve dans une vasque (au cas où), son côté « poudre magique » accomplirait aujourd'hui peut-être, comme jadis sur Terre, des « miracles » en soins du corps et dans la lutte contre la prolifération des bactéries, champignons microscopiques (moisissures, mycoses, levures) dans une salle de bains toujours trop humide ici-bas, ainsi que contre les insectes et acariens aux excréments si allergisants.

Cela dit, il n'est pas directement question de bicarbonate de sodium (de formule chimique $NaHCO_3$) vendu au rayon alimentaire des supermarchés à côté de la fleur de sel (NaCl, chlorure de sodium en « langage géologique ») ! Mais quiconque a déjà promené son chien sur une plage et l'a vu se rouler heureux dans le sable – c'est sans se faire prier que le mien s'en donne à cœur joie à chaque fois – ne peut que constater l'éclat de son poil ensuite… Nettoyage à sec réalisé dans ce mini-désert : par frottements vifs entre la peau velue de l'animal et les minuscules grains, mélange de minéraux de roches d'origine volcanique ayant subi l'érosion du vent, etc. et de débris organiques (coquillages en morceaux, carapaces d'échinodermes, crustacés, squelettes de coraux). Eh oui, le poil brillant grâce entre autres aux carcasses pulvérisées d'invertébrés morts depuis longtemps riches en calcaire – de formule chimique $CaCO_3$, carbonate de calcium – comme les craies blanches ou de couleur utilisées à l'école au tableau.

Et donc, autrefois, quand on avait, encore ou déjà, une certaine conscience de la rareté de l'eau, le bicarbonate de sodium faisait recette de la Basse-Égypte à la Haute-Égypte : Memphis (près du Caire), Thèbes (Louxor), vallées des rois et des reines… Ainsi, la sécheresse n'empêchait pas – au contraire – une bonne préparation des momies pour une longue conservation pour les plus riches et célèbres. Quant aux vivants, dans un tel climat, il fallait malgré tout se protéger les yeux et les cheveux. Du bicarbonate de sodium en shampoing sec et rapide, quelle que soit l'époque, ça peut les dégraisser et les faire briller. Seulement, le moindre petit grain de sable clair dans l'œil, ça peut toujours irriter et faire pleurer ! Voilà pourquoi ces anciens Égyptiens, qui ne portaient pas de lunettes noires pour supporter l'intensité des rayons solaires et leur réflexion sous forme de chaleur dans le désert, se maquillaient le contour des yeux ainsi mieux isolés. Du khôl très sombre élégamment posé et étiré en direction du haut de l'oreille, mais du khôl à base de… plomb à l'époque !

Bref, survivre avec élégance avec peu d'eau, froide – le chauffe-eau électrique n'existait pas – ou tiède avec la température ambiante, tel était le défi quotidien relevé par un peuple qui nous a légué, entre 3000 et 300 av. J.-C., d'impressionnantes pyramides (de Khéops, etc.), monuments (Sphinx de Gizeh, temple de Karnak, etc.) encore debout au XXIe siècle. Et combien d'énigmes plus ou moins pharaoniques toujours pas résolues à ce jour ? Par exemple, celle de la disparition progressive du lion dans la vallée du Nil à l'époque des pharaons, bien que notre « roi des animaux » ait alors été associé au culte de Ré (ou Râ, dieu solaire dans la mythologie égyptienne) puis d'Osiris, tout comme il est à l'origine du Sphinx, alors que le fauve était beaucoup plus présent avant l'apparition de l'écriture en Mésopotamie (Syrie, Irak) et en Égypte qui marque la fin de la préhistoire.

Quant à nous, trop nombreux Occidentaux modernes, paresseux qui nous trouvons tant d'excuses pour tarder à nous adapter à un mode de vie moins gourmand en eau potable – ah ! Un bain ou une douche tous les matins… – malgré les avertissements répétés de la planète bouillonnant comme nos têtes en période de canicule, va-t-on enfin adopter les usages d'hygiène qui sauveront notre peau, nos poils et nos cheveux ? N'y a-t-il pas eu assez d'ados perdant leurs tifs en même temps qu'ils voient disparaître leurs écœurants boutons d'acné, futurs chauves à 35 ans, pardon comme un bébé nourri au biberon rempli de lait de vache, qu'il retrouvera dans son bol de céréales quand il sera grand ? Assez d'hommes, de femmes victimes du cancer, ou plutôt de la chimiothérapie et de la radiothérapie qui font plus de dégâts et de brûlures que le lait en termes d'effets secondaires sur le cuir chevelu, la peau et le tractus gastro-intestinal ?

Pas grave, tentent de les rassurer les médecins désolés : les cheveux tombent, mais ils repousseront comme les feuilles sur les arbres au printemps, et en attendant ces jours de gloire, chez vous, vomissez tout avec le poison supposé tuer les cellules malignes – les bonnes, aussi, il faut bien l'avouer – et quand vous sortez, portez une perruque ou un beau chapeau sur votre crâne chauve qui vous rapproche de la calvitie masculine, vous aussi Madame, mais chuuuut, ça ira… L'été, surtout, évitez les coups de soleil sur votre cuir pas encore chevelu ! Ils sont mauvais pour vos idées noires en ces temps de réchauffement global, et marchez à l'ombre, si vous en trouvez encore et que vous voulez vivre ! Vive les chapeaux, de cow-boy, en paille, casquettes, bérets, Borsalino et panamas…

Lui, le lion, son chapeau, c'est sa chevelure épaisse. Lion africain peut-être un peu moins costaud, un tiers de moins, selon des estimations, que son parent éloigné d'Europe, le lion des cavernes *(Panthera leo spelaea)*. Ce dernier a côtoyé *Homo neanderthalensis* (entre 250 000 et 30 000 ans av. J.-C.), *Homo sapiens* (entre 40 000 et 10 000 ans av. J.-C.) et vivait même en France à l'époque beaucoup plus fraîche et enneigée des mammouths et rhinocéros laineux avec lesquels il a disparu depuis. On en a eu de nombreuses preuves avec les découvertes de fossiles dans des grottes célèbres qui, pour certaines (grotte de la Marche, de la Vache, Chauvet, etc.), sont aussi ornées, sur les parois, de dessins réalisés par des artistes préhistoriques. Lesquels, peut-être, portaient parfois des chapeaux en poils d'animaux en plus de leurs peaux de bêtes pour ne pas avoir trop froid pendant qu'ils travaillaient ? Sans parler de leurs réalisations de statuettes d'hommes à tête de lion et de félin…

Bref, le lion ne boit pas de lait de vache, ne subit pas de chimio, mais habite quand même des endroits où il peut faire très chaud, autrefois sur une large bande au nord et en Centrafrique. Son chevauchement de territoire avec les hommes modernes de plus en plus nombreux sur la planète a rarement un rapprochement amical, mais plutôt un déclin de l'espèce et, forcément, de son espace vital. D'ailleurs, il y a urgence. Malgré les mesures de protection, le splendide animal est en danger critique d'extinction et pourrait disparaître avant 2050 ! Juste pour info et pour comprendre pourquoi il y a tant de disparitions d'espèces animales et végétales sur Terre depuis le XXe siècle : la Terre comptait 1,7 milliard d'humains en 1900, ils étaient 2,5 milliards en 1950, 7,5 milliards en 2011 selon l'ONU… Situation difficile pour les lions qui ont vu une réduction de leur habitat, une raréfaction de leurs proies favorites (antilopes, gazelles, zèbres) quand les prédateurs (hyènes tachetées, lycaons, léopards) dévoraient leurs petits. Affamés, ils se sont rabattus sur la viande de potamochères, porcs sauvages s'aventurant sur les cultures surveillées par les agriculteurs… Par ailleurs, animaux sociaux, les lions vivant en groupe sont particulièrement vulnérables aux épidémies. En 1993-1994, le virus de la maladie de Carré (CDV) transmis par les chiens domestiques a décimé la population du Serengeti : plus de 1 000 lions sont morts en 6 mois. Autre maladie : en 1962, une mouche stomoxe, suceuse de sang, a fait passer le nombre d'individus du cratère Ngorongoro estimé entre 75 et 100 à… 12 en une année seulement ! La chasse enfin a fait beaucoup de tort aux lions (comme les pièges qui ne leur sont pourtant pas destinés). Aujourd'hui, elle est encore autorisée sous contrôle dans certains pays. Il resterait 15 000 à 30 000 lions africains en liberté et 500 lions asiatiques vivant à l'état sauvage en Inde. De notre côté, on espère éradiquer l'acné, la calvitie, le cancer (ainsi que les effets de la chimio) et le recours aux perruques et fausses tignasses prochainement.

Même si je dois prendre moins de douches pour garder les cheveux propres et utiliser moins de lait pour le corps – tant pis, il sera plus foncé, surtout si j'ai bronzé cet été, je prends sur moi pour supporter cette situation en me disant qu'il y a pire dans le monde... Je pourrais vivre en Afrique, et marcher des heures juste pour trouver un peu d'eau potable, en bouteille ?

ÉGOÏSTES COMME LES FOURMIS

« La fourmi n'est pas prêteuse ;
c'est là son moindre défaut. »

La Cigale et la fourmi, Jean de La Fontaine

Quand on apprend la fable, ou la « récitation » en français au collège, *La Cigale et la fourmi* de Jean de La Fontaine, deux interprétations sont possibles dans l'esprit des gamins selon l'éducation reçue à la maison. Heureusement, l'école est là pour recentrer un peu le débat. « Quand même, la cigale a bien raison de chanter tout l'été », même si ce n'est que pour conclure : « L'amour ça compte, et la fourmi n'a pas l'air romantique, elle. » Voilà l'idée qui circule dans la tête de ceux qui ont glandé tout l'été, qui a germé aussi chez les ados gavés d'émissions de télé-réalité dans lesquelles on leur a répété qu'on pouvait devenir riches en passant à la télé même sans rien faire, ou en braillant quelques bribes de chansons.

Gosses privilégiés ou pas, ils la trouvent super cool la cigale passant ici pour la flemmarde de service qui a largement profité de la vie pendant deux mois (ce que la fable ne dit pas, c'est que la bête meurt très vite ensuite, alors que la fourmi...).

Bref, et puis l'autre partie de la classe, peut-être un peu moins privilégiée ou cabossée par la vie, se dit que la fourmi a raison d'être égoïste si elle a bossé tout l'été et de garder ce qu'elle a pu mettre de côté pour elle. C'est là que ça devient compliqué pour ces gosses-là, peut-être défavorisés parce qu'issus de familles nombreuses ou monoparentales qui connaissent des fins de mois difficiles... Tous les frères et sœurs mangent peut-être le même repas le soir et le week-end mais pas forcément à leur faim (les packs de lait et les pâtes vendues en gros, ce n'est pas cher comme les pommes de terre, mais qui veut les éplucher pour quatre, cinq ou six personnes pour un seul repas ?). Sans parler de l'impossibilité de disposer de sa propre chambre à soi pour jouer, lire ou faire ses devoirs – travailler, eh oui déjà – avec le secret espoir un jour de poursuivre les études de ses rêves, réussir ? Sauf que si les parents n'ont pas les moyens, adieu les rêves et peut-être même adieu l'école, direction le marché de l'emploi en commençant peut-être par désespérer dans les queues de Pôle Emploi – « du travail, s'il vous plaît, n'importe lequel, pour aider la famille » – chômage, travail, chômage sans allocations puisque sans diplômes, sans formations : ça coûte cher, l'école, mais les formations professionnelles, encore plus ! Reste plus qu'à zoner sans le sou et dans la dépression, en attendant de faire la cigale en été entre deux services, sachant qu'à cette période – de juin à septembre en gros – on recherche des jeunes pour servir dans les bars et restaurants des côtes françaises. L'invasion des touristes au pays des cigales : l'enfer des « pauvres », futurs gilets jaunes, qui adorent déjà l'égoïsme de la fourmi ? Si riche qu'elle peut s'offrir le luxe de vivre tranquillement, 15 ans pour l'endurante fourmi noire des jardins (il faut croire que la fraîcheur végétale réussit à la reine), quand une cigale existe à l'état de larve dans le sol durant 4 à 6 ans selon la qualité de la terre et meurt en quelques semaines dès qu'elle en sort, juste le temps pour le mâle adulte qui espère attirer une femelle pour la reproduction de « chanter » en l'air dans un pin, seulement quand il fait super chaud et sec dans le Midi, à l'heure du pastis pour les vacanciers… Ce n'est pas une vie de mourir si jeune pendant que les autres travaillent !

Il faut parfois être égoïste comme la fourmi, travailleuse toute sa vie aussi ! Parce que justement, on en a qu'une, de vie. Et je ne peux pas tout pour les autres…

REVITALISÉS AU SOLEIL COMME LES MAKIS CATTAS

« Un soleil n'éclipse pas un soleil. Un soleil n'est jamais éclipsé que par des lunes. »

Victor Hugo

À la lumière du soleil, l'animal frugivore gris au regard noisette entouré de noir comme s'il portait des lunettes recharge ses batteries ! Assis, bras écartés, le lémurien – star des parcs animaliers en Europe – profite normalement de la vie sur son île « posée » dans l'océan Indien, non loin de l'île Maurice et de La Réunion, à Madagascar. D'où le primate semble nous suggérer qu'il ne faudrait plus considérer que « faire le lézard » à la plage ou dans son jardin, au bord de la piscine, est comme « faire le paresseux ». Rappelons pour l'occasion que les lézards sont des reptiles présents presque partout sur la planète, comme autrefois les géants dinosaures, à « sang tiède » selon les scientifiques qui continuent d'hésiter sur ce point… Mais reptiles comme amphibiens, aujourd'hui, sont des vertébrés à sang froid, poïkilothermes, au métabolisme beaucoup plus bas que celui des homéothermes, vertébrés à sang chaud que sont les mammifères et oiseaux actuels.

Ainsi, la température corporelle de ces derniers reste stable grâce à une forte consommation d'aliments, d'oxygène et d'eau pour assurer le fonctionnement quotidien du « chauffage intérieur de la bête » (sauf pour les espèces qui hibernent plus ou moins). Record pour le hérisson à 4 °C ; le loir se maintient entre 13 et 32 °C comme l'ours en hiver, le fourmilier entre 30 et 35 °C ; le castor, le diable de Tasmanie ou la girafe aux alentours de 34 °C ; le chimpanzé ou le daim comme l'humain à 37 °C ; environ 38,5 °C pour le chien ; le cochon ou le chat ; 38,7 °C à 39 °C pour la vache ; etc. Les reptiles, eux, dont la température corporelle moyenne ne dépasse guère les 20 °C ont besoin d'emmagasiner de la chaleur en s'exposant à la lumière du soleil avant de pouvoir démarrer normalement leurs activités, des périodes d'échauffement et de calme quotidiens en somme mais parfois sans rien manger de la journée ! Enfin, c'est un peu plus complexe chez les poissons, ectothermes, à sang froid, plongés à peu près toujours aux mêmes profondeurs dans des eaux théoriquement de température stable, mais soumises aux courants marins et au réchauffement climatique...

Faire le lézard ou le paresseux donc ? Paresseux, l'individu mou qui n'a rien envie de faire de ses dix doigts ou… Du même nom et pourtant sans rapport, le mammifère arboricole didactyle ou tridactyle – à deux ou trois doigts par main –, qui vit dans les hauteurs des forêts d'Amérique tropicales, a une température interne variant entre 24 et 33 °C (en même temps, il existait à l'état de géant lors de la dernière période glaciaire), et un pelage couvert de chlorophylle contenue dans des micro-algues vertes avec lesquelles il cohabite ! Question à présent : survivra-t-il à la déforestation, autrement dit, comme nous, à la disparition de la fraîcheur de vivre… à l'ombre, quand ça lui chante ? Le maki catta, plus terrien et actif lui, à l'élégante queue rayée de noir et de blanc, aime aussi la verdure. Mais pour rien au monde, il ne se priverait de bains de soleil – qui permettent à notre peau aussi de faire le plein de vitamine D, sinon, il y a l'huile de foie de morue… –, vitamine D utile à l'absorption du calcium et du phosphore dans les intestins, pour le squelette, la tonicité musculaire, le moral, etc.

Meilleur moral au soleil, peut-être meilleure odeur aussi ? Enfin, tout ne dépend pas que de la météo ou de l'hygiène en pleine nature, le régime alimentaire compte aussi beaucoup. Et on ne « sent » pas pareil quand on étouffe que lorsqu'on grelotte. Voilà pourquoi il y a des chiens à l'odorat très fin et à la truffe héroïque pour assister les gendarmes en montagne ou sur les enquêtes criminelles avec découverte de cadavres en décomposition. Mais sur un corps vivant, les molécules odorantes sont forcément plus marquées dans certaines zones sensibles ou humides : comme au niveau du cou, des aisselles ou de l'entrejambe... Ainsi, à la saison des amours, les makis cattas s'attirent... avec les substances odorantes émises sous la ceinture, et derrière !

C'est très romantique, mais comme chez tous les mammifères, les parties génitales ont un mélange d'odeurs plus ou moins attirantes et détectables selon la compatibilité sexuelle des partenaires. Ainsi, chez ce maki catta *(Lemur catta)*, le mâle porte trois paires de glandes scrotales, à hauteur de testicules, qui véhiculent dans l'air des informations sur son patrimoine génétique. La diversité des gènes de Monsieur augmente d'autant plus la complexité du message olfactif envoyé. Question : y aura-t-il une dame à la hauteur pour oser l'accouplement, et qui sait, si la nature est du côté du couple au moment où ils font l'amour, l'acte se traduira-t-il par la naissance de leur progéniture, assez forte sur le plan génétique pour résister à un avenir incertain ?

Je n'attends pas les vacances d'été pour sortir m'exposer régulièrement à la lumière. Je recharge donc mes « batteries » plusieurs fois par semaine au soleil, comme le maki catta, même s'il ne s'agit que d'une marche de quelques minutes à l'extérieur. Et je m'occupe aussi de mes histoires de cœur au passage, quitte à acheter un très bon déodorant si je transpire peu...

CE QU'IL FAUT RETENIR DE NOS AMIES LES BÊTES

Bien-être et écologie

- L'été, je garde mon corps au frais et me détends au pied d'un arbre en n'oubliant jamais de jeter mes déchets dans les poubelles.

- J'évite de gaspiller l'eau et j'apprends à gérer mes propres réserves.

- J'apprends à être un peu plus égoïste parfois pour prendre soin de moi.

- Je m'expose régulièrement à la lumière du jour pour recharger mes batteries.

5

SANTÉ ET TOUCHER

TACTILES AVEC LES ARBRES COMME LES OURS

« Nous sommes des singes qui avons renoncé à nos jolies gambades, pour imiter mal les bœufs et les ours. »

Voltaire

Les ours vivent forcément des aventures extraordinaires dans les bois, des aventures qui nous échappent… Bien sûr, nous connaissons tous la caricature américaine du long métrage d'animation sorti en 1977 où le jeune Winnie (une fille ?) l'ourson, grassouillet, est propulsé pour des années star du petit écran plus que du grand par les studios Walt Disney… Mais en réalité, « Winnie the Pooh » est né dans un texte pour enfants de l'écrivain britannique Alan Alexander Milne (1882-1956), qui a d'abord connu la Première Guerre mondiale avant d'en arriver là. L'ours en question, né en 1926, a été dessiné dans son œuvre littéraire par Ernest Howard Shepard sous les traits d'un animal moins ventru que l'Américain…

Car chez Disney, osons dire la vérité, Winnie n'a pas seulement l'air un peu trop gras – en même temps, il avoue volontiers en chanson « aimer le lait, le miel, le chocolat » – il semble aussi un peu benêt. Ce qui ne l'empêche pas d'avoir des tonnes d'amis plus ou moins excités avec lesquels discuter à bâtons rompus : Bourriquet l'âne boursoufflé aux yeux déprimés, Grand Gourou la maman kangourou et son rejeton Petit Gourou, le sautillant Tigrou, le maigre Porcinet, le sage Maître Hibou, le jardinier et inventeur Coco Lapin et enfin, Jean-Christophe, le seul gamin de l'histoire. De quoi cause tout ce petit monde ? Pas toujours de choses passionnantes, comme de la disparition annoncée des abeilles qui produisent le miel dont est parfois rempli le pot de terre de Winnie…

Si vous n'avez jamais aimé les dialogues de Winnie l'ourson parlant tout seul devant son miroir, sa lenteur verbale et motrice, ou au contraire la rapidité exagérée du discours de son inséparable et pénible camarade Tigrou, personne ne vous en voudra. Peut-être avez-vous mille fois préféré – un cran au-dessus – diffusé sur France 3 dès 1981 le dessin animé *Bouba le petit ourson*, « moins con » mais probablement moins cher aussi à produire ? *Bouba*, dessin animé et version japonaise de la vie du jeune plantigrade ami avec un petit Indien – pas Yakari, un autre – dont le générique resté célèbre était chanté par une star, humaine celle-là, à l'époque de Guignol et du Chat Botté, Chantal Goya. Enfin, vous n'avez pas pu manquer le beaucoup plus rustique et sauvage *Ours* de Jean-Jacques Annaud sorti en 1988.

L'arbre, un refuge pour Winnie plus qu'un lieu où trouver un nid d'abeilles rempli de miel ? L'arbre, un observatoire naturel pour admirer le ciel et regarder le sol autrement ? L'arbre, pour s'élever juste un peu sans perdre la tête, à condition d'être assez acrobate pour jauger la hauteur à laquelle s'arrêter pour se poser et penser, manger, bouquiner ? Pour le panda, femelle ou mâle solitaire qui fait lui aussi partie de la famille des ours, qui se nourrit de bambous et que l'on dit si peu porté sur la « chose sexuelle » – ou pour être plus précis, sur la reproduction parce qu'il est très rarement « fécond » –, les arbres sont aussi essentiels. On ne trouve normalement ce beau nounours noir et blanc qu'en Chine centrale, à haute altitude entre 1 800 et 3 400 m, dans les montagnes verdoyantes du Shaanxi et du Sichuan frappé par un violent séisme en 2008, lequel a tué 70 000 êtres humains, et combien de pandas ? Il resterait aujourd'hui 1 500 pandas vivant à l'état sauvage, simple estimation qui ne prend pas en compte les individus échangés en captivité par les zoos... Pendant que des as du clonage font des promesses aux rêveurs – propriétaires des zoos afin de répondre aux demandes des nombreux visiteurs... – de les faire se reproduire de façon artificielle, et toc, sans pénétration entre mâle et femelle, puisque ces animaux continuent de bouder « l'amour » qu'on leur propose sans sentiment et sans romantisme. Sinon, Boogie-Woogie dans les bois pour les grizzlis du Montana aux États-Unis qui, eux, dans leur « vraie vie », ont été filmés en train de faire leur gym, peau à peau, contre les troncs d'arbres, debout et plus ou moins à genoux. Juste de quoi laisser leurs empreintes odorantes et signaler ainsi leur passage d'un signal olfactif. Monsieur attend Madame pour bientôt à l'angle des troncs 32 et 56, prière de ne pas couper ces arbres pour en faire des livres idiots ! Frottez-vous aux arbres, mais seulement si le cœur vous en dit, parce que tous les arbres n'ont peut-être pas envie de se faire tripoter par vos mains d'humain.

Je me promène souvent en forêt pour admirer les teintes dominantes naturelles de l'époque : fleurs au printemps, feuilles vertes en été, ocres en automne, bleues et blanches sous les branches alourdies du manteau neigeux en hiver. Et je ne passe pas un seul début de journée sans m'approcher des arbres, question de santé. Ça fait du bien de les voir, même sans les caresser… D'autant plus qu'il existe des allergies, raison de plus de rester à bonne distance : voir, regarder sans toucher, admirer les belles plantes en traversant le monde végétal à chaque saison, rien de tel pour garder le moral toute l'année.

SAVANTS COMME LES COCHONS

« Cochon. Animal étonnamment proche de la race humaine par la vivacité et la splendeur de son appétit. »

Ambrose Bierce

Comment ça, les cochons, cousins des sangliers, seraient des intellos ? Ils aiment se rouler dans la boue pour lutter contre les parasites et nous, on les parque dans le noir pour en faire des boudins, des saucissons ou des jambons ? On les fait saigner. On les découpe en morceaux. On les fait baigner dans du lait de vache toute une nuit pour mieux les faire cuire ensuite au four en rôti et les savourer arrosés de sauce avec des champignons… Et ces bêtes-là seraient savantes ? Est-ce que les cochons ont fait des études dans leur porcherie ? D'ailleurs, l'intelligence se résume-t-elle au niveau d'études ?

Et puis, que sont les savants quand le terme continue de faire surtout référence aux Géo Trouvetou d'autrefois ? Il reste ceux de l'Antiquité du côté de la Grèce : Platon le philosophe, Aristote et sa métaphysique, Hippocrate le père de la médecine, Pythagore le matheux, Hérodote l'historien-géographe, etc. Et ceux de la Renaissance du côté de Venise, Pise… en Italie, au paradis des pâtes et de la pizza : Galilée entre autres inventeur de la lunette astronomique, Léonard de Vinci le dessinateur de la belle anatomie de l'Homme de Vitruve, Antonio Vivaldi le compositeur des *Quatre Saisons* ?

Drôle de question en somme, intelligence, expérience, entraînement, talent, passion, quotient intellectuel, formation, diplôme et… piston chez les humains ? Une interrogation à laquelle ne sauraient pas répondre les trois petits cochons du chef-d'œuvre américain de Walt Disney en 1933… À part jouer de la flûte, du violon ou avec une truelle de maçon, et demander « Qui craint le grand méchant loup ? » alors qu'ils sont cachés dans des maisons, on imagine difficilement ces petits joufflus roses casser la baraque à un test de Q.I.

Et pourtant, les scientifiques sont formels, les vétérinaires et les publicitaires aussi. Tout est bon dans le cochon ! Il est mignon, a une ouïe excellente. D'ailleurs, dans les labos, on l'a même vu s'éclater devant des jeux vidéo sur un ordinateur adapté, et à l'extérieur, avec un basique ballon de football… Il a un sens de l'odorat aussi développé que celui d'un chien, une excellente mémoire, sait s'informer sur son environnement, même dans un labyrinthe expérimental, et revenir sur ses pas pour ne pas se faire chiper un bon truc à manger attendant sagement son tour dans une cachette. Du coup, avec un groin de cette qualité, un porc dressé à la recherche de truffes sait montrer que son éducation n'a pas été inutile. Voilà qui pourrait agacer certains toutous, d'autant plus que des humains franchissent carrément le pas de l'adopter chez eux comme un animal de compagnie…

Après ça, vous ne regarderez plus votre enfant enfourner son sandwich jambon-beurre de la même manière, lui qui vient de rapporter une mauvaise note en maths. Mais est-ce que ça vous empêchera de reprendre de la rosette dans l'assiette de charcuterie qui accompagne la raclette du samedi soir avec les petits, pas sûr ?

Si les cochons sont intelligents, les cochons d'Inde aussi d'ailleurs – mais ils ne sont pas de la même famille, et on n'en mange officiellement presque plus au XXIe siècle –, qu'allons-nous devenir ? S'ils sont capables d'appuyer sur un bouton d'ordinateur, de penser et peut-être de communiquer avec nous, comment allons-nous pouvoir continuer à supporter le niveau de souffrances qu'ils peuvent endurer dans les exploitations agricoles poussées à l'excès par une croissance exagérée de la popula-

tion humaine sur Terre ? Et pourvu que ces cochons ne trouvent jamais les codes internet d'expériences épineuses dans les laboratoires de recherche, ils seraient peut-être capables de faire tout sauter sur la planète des singes... Essayons de cultiver aussi notre intelligence et nos connaissances sur la faune, pour rester à la hauteur. Et tant pis, s'il faut se remettre régulièrement à niveau, voire oser se fixer des objectifs et suivre des formations pour décrocher de nouveaux diplômes !

INDIFFÉRENTS AU CANCER COMME LES REQUINS

« L'homme est le cancer de la terre. »

Emil Cioran

Inquiets de la surpopulation mondiale – à juste titre –, des grands écarts de taux de natalité et de mortalité d'un pays à l'autre, d'une région à l'autre, de l'inégalité pas seulement salariale entre les hommes et les femmes, de la faim dans le monde, des ressources en eau, de l'amplitude thermique entre l'été et l'hiver, du chômage, du réchauffement climatique qui s'avère aujourd'hui être sorti de la fiction d'autrefois pour être dans le « dur de la réalité » etc., les êtres humains se reproduisent sans raison et finissent par mourir, sans raison aussi, du cancer.

Pourriture de nous, la tumeur, obésité de nos cellules qui se multiplient sans direction, sans objectif, pour transformer les humains en monstres avec des « boules » de partout à l'intérieur, à l'extérieur, jusqu'à en étouffer… C'est moche, le cancer, il tue, et on essaie de lutter contre, sérieusement, peut-être depuis la fin de la Seconde Guerre mondiale dans les pays occidentaux ? L'Europe a juste eu le temps de se reconstruire – ses villes, son agriculture, ses systèmes d'éducation, ses lieux de culte, ses industries, ses hôpitaux – et hop, le crabe s'est abattu sur les pauvres gens dans les années 1960 en portant officiellement son nom de « cancer ». Alors que déjà, les requins se baladaient sous les tropiques, dans l'eau salée, sans se soucier de la moindre tumeur : ils se contentaient de nager en permanence, de chasser de temps en temps le poisson, et de toute façon pour eux pas d'hôpitaux, donc pas le droit de se choper une boule mais le devoir de s'attraper une proie, juste pour se rassasier et poursuivre sa route.

OK, le grand requin blanc, 4 à 6 m de long pour un poids de 1 000 à 2 000 kilos, se boulotte à l'occasion du bien gras mammifère marin (baleine, otarie, dauphin… humain !) et pointe le bout de son museau dans de la flotte pas toujours propre. Risque de cancer ?

Il est vrai qu'il peut plonger partout, en profondeur, et parcourir facilement des centaines de kilomètres, y compris le long de nos côtes peuplées, prenant ainsi le risque de se baigner dans des eaux bourrées de produits toxiques cancérigènes ? Tout dépend si son odorat est assez fin pour éviter ces zones les plus concentrées en substances dangereuses (en aval des cités les plus industrialisées autrefois, voire aujourd'hui encore), ou si, de toute façon, cela ne sert

déjà plus à rien, parce que tous les océans sont contaminés de plastiques et autres « chimio-bidules » microscopiques passés maintes et maintes fois dans l'ensemble de la chaîne alimentaire marine ? C'est foutu de chez foutu, même avec un jeûne tranquille de plusieurs jours... Déjà, la cellule cancéreuse se multiplie et attend de faire des « petits » comme elle : cancer, cancer, cancer...
Donc, nous, les humains, on a le temps de s'ennuyer, de se plaindre d'avoir mal et d'avoir peur de mourir du cancer ou de la chimiothérapie qui épuise et fait perdre même les plus beaux cheveux, blonds, roux, bruns, noirs ou blancs. Lui, le requin, il n'a pas le temps de s'ennuyer, de râler, il voyage et se fiche de savoir si la salle d'attente des urgences, du généraliste ou du cancérologue est pleine à craquer. Le requin, lui, il fait son sport quotidien, admire le paysage sous-marin – quand il en reste un – et voyage, voyage, voyage...

Dans un livre intitulé *Les requins n'attrapent pas le cancer* publié en 1993, I. William Lane affirmait donc que les squales étaient épargnés par le cancer et proposait tout simplement de consommer des extraits de cartilage de requins par voie orale ! Comprenez en pilule plutôt qu'en poudre parce que de toute façon, nos sociétés modernes préfèrent encore se soigner avec des médicaments ou des produits qui en ont les codes – gélules, poudre, comprimés, injections, etc. – plutôt que de faire l'effort de cuisiner et de bouger… Il s'en est vendu officieusement et officiellement des traitements à base de cartilage de requins, chez les animaux à squelette osseux que nous sommes. Et ça a fait de l'argent, du transfert d'argent même et probablement des gens qui ont dit stop à la chimio sans que l'on sache aujourd'hui s'ils sont morts ou vivants pour confirmer la réussite du « traitement »…

Sans entrer dans les détails, si j'étais comme un requin, obligé de nager tous les jours pour respirer (sauf qu'un squale est en permanence sous la surface et dans l'eau, quand moi, je garde toujours les pieds au sec sur terre), je devrais passer ma vie à marcher ! Et je n'aurais pas le temps de penser au cancer… Alors, en marche ?

CHICS COMME LES RENARDS

*« Tu n'es encore pour moi qu'un petit garçon
semblable à cent mille petits garçons. [...]
Et tu n'as pas besoin de moi non plus. [...]
Mais si tu m'apprivoises, nous aurons besoin
l'un de l'autre. Tu seras pour moi unique au monde.
Je serai pour toi unique au monde. »*

Antoine de Saint-Exupéry

Quand on regarde le renard en photo, il nous apparaît comme un animal divinement bien situé – mais où, sur l'arbre de l'évolution ? – entre le chien plus petit, domestique, toiletté, qui se love volontiers dans un canapé douillet de la maison comme dans sa niche en « doudou » d'intérieur, et le loup, sauvage, plus grand, gris-fauve à l'aise dans les forêts la nuit, comme dans la neige, à condition qu'il y ait de temps en temps une bête à fourrure à chasser en meute… Et pas que des moutons !

Le renard est gris à la naissance, puis adulte, devient ce mince canidé roux en Europe aux pattes noires et au ventre blanc même en hiver, saison durant laquelle sa fourrure se fait plus dense et plus longue, qui est donc capable de supporter les températures négatives. Mais il n'est pas aussi résistant au froid que le célèbre et plus trapu husky de Sibérie, canidé aux yeux bleus et à la dense fourrure qui ressemble au loup en meute et qui, attelé avec d'autres camarades, tire le traîneau du musher. Moyen de transport formidable dans les régions du Grand Nord ou les montagnes lorsqu'un épais manteau de neige rend les chemins impraticables, même en 4 × 4…
Cela dit, le très utile renard arctique peut frimer, lui, qui supporte jusqu'à -50 °C grâce à son pelage blanc d'hiver et à son alimentation. Les renards muent chaque année et, pourtant, retombent toujours sur leurs pattes question « classe ». Chics et sobres dans leur tenue adaptée à leur environnement comme dans leurs mouvements, ils devraient nous inspirer à chaque changement de saison, surtout à l'approche des grands froids, avant décembre, lorsqu'il nous faut investir dans de nouvelles paires de bottes, de nouveaux pantalons et manteaux…

J'anticipe ma « mue », pas comme le serpent à la peau rock'n'roll, mais comme le renard à fourrure. Je m'alimente comme il faut pour affronter le ciel bleu ou gris, la pluie, le froid, le vent, le gel, la neige… Prévoyant/Prévoyante, j'investis – et pas au dernier moment – pour m'offrir des vêtements à la mode, c'est-à-dire aussi élégants que chauds pour passer l'hiver tranquillement, dedans comme dehors, sans risquer de me casser une patte ou un bras avant la fin de la saison.

INTEMPORELS COMME LES TARDIGRADES

« Il y a des jours, des mois, des années interminables où il ne se passe presque rien. Il y a des minutes et des secondes qui contiennent tout un monde. »

Jean d'Ormesson

Animal microscopique végétarien (qui mange du lichen) de moins de 2 mm découvert à la fin du XVIIIe siècle, capable de supporter les pires conditions de température, pressions atmosphériques, changements climatiques, des sécheresses les plus rudes comme aux froids les plus mordants, véritable Hibernatus durant des siècles, même dans les glaces de l'Arctique… Magie de la cryptobiose, un sommeil passant par une déshydratation de ses cellules, le remplacement de l'eau par du glycérol et du tréhalose (sucres) ainsi qu'une enveloppe de cire autour du corps. Tardigrade insensible au temps, increvable ou presque donc (à la suite d'un retour sur la planète après un séjour dans l'espace pour les besoins d'expériences scien-

tifiques), à quatre paires de pattes, marcheur donc d'après la signification de son nom : *tardus*, lent et *gradior*, marcher en latin. Un dur à cuire, ça, c'est sûr, proche des arthropodes (invertébrés qui muent : trilobites à une vingtaine de paires de pattes de l'ère paléozoïque, crustacés de cinq à sept paires de pattes, araignées et scorpions à quatre paires de pattes, insectes à trois paires de pattes)...
Comme quoi, intemporel, ce n'est pas seulement applicable à la mode, aux vêtements indémodables justement qui résistent au temps qui passe, dont le succès reste inchangé d'une génération à l'autre : le jean est intemporel, le pantalon en velours est intemporel (même si les mauvaises langues le disent parfois « ringard » ou « vintage » pour faire moderne), le perfecto en cuir ou en simili cuir pour les plus modestes reste intemporel, comme dans un autre genre, les pâtes à la bolognaise, la pizza, la raclette, le sapin ou la bûche au chocolat à Noël, la galette des rois en janvier, les tubes de Johnny Hallyday en France ou le clip *Thriller* de Michael Jackson...

Comme si tous ces éléments, ces événements, résistaient à tout, plaisant toujours au plus grand nombre avec des ingrédients pourtant forcément différents : le lait de la vache qui a servi à faire la raclette au début des années 1980 ne peut avoir le même goût 40 ans plus tard, puisque, entre-temps, les pratiques dans les fermes ont changé et que les bovins ont connu la traversée, proba-

blement difficile pour les animaux d'élevage, des Trente Glorieuses après la Seconde Guerre mondiale (1946-1975), l'époque de l'agriculture intensive pour nourrir tous ces êtres affamés issus du baby-boom qu'il fallait aussi habiller et si possible correctement...
D'où l'importance de maîtriser l'art de la découpe de la viande et de faire quelque chose d'utile de toutes ces peaux de bêtes, à condition bien sûr de former des artisans au travail d'un cuir résistant au temps lui aussi ! Si les artisans sont doués, il est possible que traînent encore dans nos magasins ou sur nos marchés en parfait état de splendides portefeuilles, sacs, bottes, pantalons, jupes, vestes ou manteaux de ces années-là... Vive la maroquinerie ! Et des soixante-huitards heureux de vivre, rien qu'à voir le retour de cette mode à nouveau portée aujourd'hui par tous, jeunes et moins jeunes.

Du coup, envolés les envies de suicide, les complexes liés à l'âge et aux rides (d'ailleurs, à y regarder de près, un bon cuir est toujours un peu ridé lui aussi...) et les idées noires sur la mort. Il faut bien mourir un jour, mais autant atteindre ce jour le plus tard possible et fringués à la mode, tous intemporels sans être immortels. Laissons ce titre aux grands intellectuels qui meurent aussi de toute façon : la preuve, un chic monsieur – qui, au fil de son œuvre, a souvent évoqué le temps qui passe –, Jean d'Ormesson, nous a quittés à l'âge de 92 ans le 5 décembre 2017, quelques heures seulement avant le rockeur Johnny Hallyday décédé du cancer à 74 ans. Intemporel, pour ne pas dire indémodable pour un bon bout de temps encore, Immortel de l'Académie Française pourtant mort de chez mort comme celle qu'il admirait, l'élégante Simone Veil disparue le 30 juin 2017 à 89 ans. « Chacun est prisonnier de sa famille, de son milieu, de son métier, de son temps », écrivait Jean d'Ormesson, l'Immortel. La preuve qu'il n'était pas prisonnier de son époque et de son état, il a trouvé le temps de mourir.

J'arrête de m'apitoyer sur mon sort, mon âge, mes rides ou le temps qui passe. J'essaie de ne pas être prisonnier du regard ou de l'avis des autres, ne pas m'en soucier et de m'occuper de mes propres centres d'intérêt. Même s'ils ne sont pas manuels mais purement intellectuels et qu'ils semblent invisibles puisque pour penser, il faut – un peu – bouger…

CE QU'IL FAUT RETENIR DE NOS AMIES LES BÊTES

Santé et toucher

- Je m'alimente comme il faut, avec des produits de saison, pour affronter le temps qu'il fait et adapter mon corps aux conditions météorologiques.

- Je choisis des vêtements à la mode mais aussi adaptés aux températures de mon environnement.

- J'assume mon âge : je ne suis pas prisonnier du temps qui passe et du regard des autres. Je vis pour MOI.

6

ACTIVITÉS PHYSIQUES ET SPORT

AU BON ÉTAGE COMME LES ÉCUREUILS

« Ce n'est pas parce qu'il y a un trou
qu'il y a un écureuil dedans. »

Proverbe américain

Acrobate, l'écureuil roux semble courir sans crainte dans les branches alors qu'il lui arrive de chuter, peut-être même mortellement ? L'écureuil des bois d'Europe n'est pourtant pas le petit singe des forêts tropicales. Pas primate mais rongeur, il se déplace pourtant avec rapidité d'un arbre à l'autre, s'autorisant quelques haltes d'observations sur son parcours.

Avec l'âge, et donc l'entraînement, il semble peu souffrir du vertige qui donne la nausée ou le tournis aux gens souffrant d'acrophobie, la peur des hauteurs. Rien à voir avec les arachnophobes, en panique devant une minuscule araignée, ou les claustrophobes morts de trouille à l'idée de rester coincés dans un ascenseur ou les agoraphobes angoissés par une foule immense même dans un grand espace…

L'écureuil, lui, se balade aisément, même sur des branches fines. Dans le sud, en été, il est seulement dérangé par les oiseaux, le chant des cigales les jours très secs de grand soleil et, parfois, les hurlements des touristes qui ont un coup dans l'aile, assommés par un tel écart de température avec la région d'où ils arrivent : que de repas joyeux et bruyants en perspective…

Quant à l'écureuil qui ne mangera pas pendant tout ce temps leurs restes de cacahuètes, pizzas et fonds de canettes de bière ou cola, lui récoltera directement à portée de pattes en hauteur sa nourriture ou à même le sol tendre, au pied des arbres. Il n'y restera jamais très longtemps d'ailleurs. Incognito, y compris en ville lorsqu'elle a la brillante idée d'être richement boisée, selon les régions et les saisons, il peut alors se régaler de noisettes, noix, glands, pommes de pin, champignons, escargots, fleurs, fruits…
En fin de compte, en grimpant aux arbres ou en construisant des cabanes en forêt parfois en hauteur, ou encore en développant le concept des parcs Accrobranches, locations de maisonnettes en bois, on explore notre aptitude à vivre plus ou moins confortablement en altitude comme l'écureuil, et le tout en sécurité, puisqu'on sait dire non quand le vertige et le risque de tomber se font ressentir. Notions de limites et d'étages de confort importantes à découvrir,

aussi bien pour les futurs locataires d'un appartement qui devront plusieurs fois par jour emprunter des escaliers ou pour les salariés d'une PME dans un immeuble que pour les architectes du futur…

Pour choisir le lieu où se sentir bien pour vivre et travailler, il faut déjà rechercher son étage de confort en appartement : celui où je ne me sens pas oppressé/oppressée par la peur du vide, ou poussé/poussée par l'envie de sauter par la fenêtre. Cette zone de bien-être et de sécurité se découvre dès l'enfance et s'expérimente davantage à l'adolescence : oui, il faut oser fabriquer des cabanes et grimper aux arbres comme l'écureuil roux ou au mur d'escalade sécurisé du lycée pour découvrir sa vraie nature…

PLUS SOUVENT DEBOUT QU'ASSIS COMME LES HIPPOCAMPES

« La mort est le prolongement horizontal d'un rêve factice, la vie n'étant pas vérifiable. »

Francis Picabia

Si vous entendez le mot hippocampe, à quoi pensez-vous ? Il y a de grandes chances que ce terme évoque en vous une région perdue quelque part dans le cerveau des mammifères – dont les êtres humains – dont vous ignorez la fonction : justement, l'hippocampe est impliqué dans la mémoire, l'attention et la navigation spatiale. Votre GPS naturel en somme, ainsi vous vous en souviendrez… Peut-être, jusqu'à ce qu'un savant dans une bonne émission radio ou télé vous le rappelle par hasard ou simplement que le GPS de votre voiture « bogue » (de l'anglicisme informatique *bug*), vous obligeant à hurler : « Ras-le-bol de la technologie du XXIe siècle, je vais faire confiance à mon hippocampe, mon intuition, et je vais investir dans un nouveau guide Michelin papier ! ».

Et puis, vous aurez une pensée pour le petit « cheval de mer », ce poisson qui ne fait rien comme les autres de son immense famille, les poissons osseux. Dans des circonstances géologiques particulières il y a des millions d'années, l'évolution l'a poussé à conserver une position debout et un corps relativement mince. Une anatomie élancée et souple adaptée à son habitat, les herbiers de plantes à fleurs (à reproduction sexuée contrairement aux algues primitives représentées aussi bien par la laitue de mer, salade vert fluo qui s'échoue sur les côtes de Bretagne, que le kelp, feuilles géantes formant des forêts dans le Pacifique où se fréquentent les otaries et les requins blancs).
Il évolue essentiellement en position verticale – debout en quelque sorte –, se déplaçant également à l'horizontale le tout en finesse puisqu'il faut gérer aussi les micro-courants marins ou macro par gros temps… Un as de la navigation par nécessité, au corps d'une grande délicatesse et une certaine forme de fragilité, sa taille oscillant entre 2 et 35 cm selon l'espèce et la région où on le trouve.

Évidemment, y compris en Méditerranée, il faut comparer ce qui est comparable : l'hippocampe ne fait pas le poids face à un monstrueux thon rouge (1 à 3 m de long, facilement jusqu'à 300 kilos), ou plus modestement un loup (45 cm à 1 m) ou une daurade royale (50 à 70 cm).
Mais le cheval de mer, si joliment cambré, vit volontiers seul dans les hauts herbiers de posidonies *(Posidonia ocea-*

nica) installés le long des côtes méditerranéennes qu'ils protègent de l'érosion jusqu'à une quarantaine de mètres de profondeur, là où arrive encore un peu la lumière du soleil… Il ne mange que de petits crustacés qu'il aspire par sa bouche en forme d'aspirateur et souffre hélas de la surpêche, lui dont le squelette finit séché comme un trésor sur les marchés asiatiques. Avoir un bel hippocampe serait bon pour la santé, paraît-il. Tandis que le thon rouge, si dodu aux muscles couleur sang au prix d'une Ferrari, se déplace plus souvent en banc dans le grand bleu… Restent le loup et la daurade, très vifs et délicieux d'après les pêcheurs équipés d'un bon four à la maison (ou connaisseurs de restaurateurs sachant les cuisiner), poissons qui aiment aussi flâner au-dessus des posidonies et dans les rochers. L'air de rien, ce n'est pas par hasard que dans l'eau, l'élégant hippocampe reste debout à longueur de journée, à nager grâce à sa queue et ses quasi invisibles nageoires quand ses grossiers « collègues » passent leur existence allongés dans le même temps ! D'ailleurs, l'hippocampe « debout » est forcément partout dans le monde en danger : le dodu thon figure au rang de ses prédateurs, comme les hommes qui le pêchent pour les millions de touristes qui le veulent séché ou attendent de lui qu'il fasse des miracles au lit…

Oui, c'est un comble, on prête au frêle hippocampe le pouvoir de ramener le plaisir dans les rapports sexuels. Du coup, il s'en vole chaque année à la mer des milliers, des millions... jusqu'à sa future disparition ? Juste parce qu'au-delà de son anatomie harmonieuse, il détiendrait en plus la formule magique du bonheur physique en couple. Libido du tonnerre, du coup mari fidèle, silhouette harmonieuse, etc. : rayez la mention inutile selon les croyances, nationalités ou espoirs de l'acheteur/acheteuse sur les marchés d'Asie officiels... ou ailleurs ? Car l'hippocampe qui se nourrit de zooplancton et petites crevettes devrait logiquement pulluler tout le long du littoral français, et pas que dans la baie du Mont-Saint-Michel, le bassin d'Arcachon ou l'étang de Thau...

Seulement, voilà, il y a la bêtise humaine, et sa pollution, sonore ou silencieuse, lourde ou légère, visible ou invisible un peu partout sur la planète Terre. Résultat, de moins en moins de plantes à fleurs sous-marines (à ne pas confondre avec les végétaux primitifs que sont les algues). Plantes qui, même sous la surface dans leur grand bain et comme nous sur nos côtes surpeuplées, risquent aussi bien de crever de chaud que de « se noyer » sous les macrodéchets ou de denses et épais nuages de substances toxiques, hydrocarbures ou autres qui finiront en dépôts épais, tueurs de faune et flore. Alors, adieu eau limpide ! Ne pensez pas à celle qui coule de votre robinet ici, mais aux fonds de plus en plus clairsemés comme les cheveux sur les têtes de ces messieurs frappés de de calvitie, adieu zostères en Manche et en Atlantique, adieu posidonies en

Méditerranée, son poumon, dit-on. Adieu hippocampes, daurades, thons, tortues, requins, dauphins… Bref, l'enfer sur terre et en mer. Toujours la même ritournelle… Un jour, il n'y aura plus d'hippocampes et d'eaux claires qu'en aquarium, à condition que les salariés et indépendants – des techniciens et plongeurs professionnels – soient en mesure d'effectuer quotidiennement l'entretien des tuyauteries (on frôle la plomberie dans ces métiers), le grattage des algues invasives sur les vitres et de soigner la végétation qui doit rester (jardinage), nourrir régulièrement les locataires des aquariums avec des bouts de viande préparés à l'avance afin d'éviter le cannibalisme dans les récifs de ces écosystèmes reconstitués par les mains des humains. Dans ce cas seulement, les visiteurs, petits et grands, sans avoir besoin de s'équiper de tout un matériel encombrant – combinaison, gants, masque, bouteilles – auront encore la joie d'assister, éblouis, à des instants de vie entre l'artificiel et le naturel du mythique cheval de mer parmi les autres poissons de l'établissement. Sinon, il restera toujours le DVD du film d'animation de Pixar et Walt Disney Pictures, *Le Monde de Nemo*, sorti au cinéma en 2003…

Dur, dur, la vie en captivité, mais même là, l'hippocampe reste debout, et laisse de temps en temps les visiteurs assister à un spectacle hors norme : la fausse ponte par dizaines d'hippocampes miniatures sortis du ventre de Monsieur. Franchement, c'est beau à pleurer, cette explosion de naissances d'un seul coup… En vrai, dans la nature, il se contente de porter dans sa poche les œufs de la femelle fertilisée par son sperme après la rencontre (un acte de reproduction dont les biologistes essaient encore de percer les secrets) et la plupart de ces chevaux de mer miniatures se font dévorer en moins de temps qu'il ne faut pour le dire. Pour eux, la vie est courte, très courte, même s'ils tentent de s'accrocher aux « branches » de cette forêt végétale qui est pour eux immédiatement une jungle, certes lumineuse mais dangereuse, très mouvementée et verticale donc. Les allées et venues des vagues sur les herbiers devraient suffire à ficher le mal de mer au plus agile de ces nouveau-nés : on meurt pour moins que ça, tout en bas… Cela dit, réussir à passer toutes les épreuves de la croissance en station verticale assure, en théorie, à l'âge adulte, un taux de survie « honnête », assez en tout cas pour que les hippocampes soient encore de ce monde en 2019. Quel prédateur osant s'aventurer dans la forêt a envie de s'enquiquiner à ouvrir la gueule grande comme un four juste pour avaler un gringalet peu appétissant en position verticale qui n'a que le cuir sur les os ? Quand d'autres, à croquer aussi ou avaler tout rond, se baladent, en « position couchée », gras comme des moines, bourrés de graisses et de protéines, pas très loin de la prairie sous-marine, l'île de la tentation avec tous ses trésors de gourmandise à dénicher. Nous parlons bien du monde du silence, où les oursins, les coquillages et crustacés, poissons et cétacés, font quand même du bruit… comme les bulles des plongeurs et les hélices des moteurs de bateaux ! Quant aux sous-marins plus allongés que des cachalots en train de pioncer à la verticale, tête en bas, s'ils font usage de torpilles qui explosent sous la surface, peut-être qu'elles rendent sourdingues toutes les poiscailles et autres monstres du grand bleu ? Alors, les nuisances sonores, après, ils s'en fichent…

Mais sur cette question d'angle d'inclinaison, on le comprend, d'ordre vital en milieu liquide, nous avons probablement beaucoup à apprendre sur terre, nous, humains. Les marcheurs/marcheuses du dimanche ou de toute la semaine, doivent y penser régulièrement sans doute, surtout en chantant le classique « Un kilomètre à pied, ça use les souliers, etc. ». Montre au poignet pour ne pas arriver en retard, ils sont écoliers peut-être, lycéens, salariés ou retraités et même manifestants réguliers qui transpirent volontiers pour évacuer les récents coups de sang du réchauffement global de la planète tout en alertant les autres au passage sur ce drame climatique qui tue sans distinction. Eux, qui connaissent le plat des routes de campagne ou des villes avec panneaux de signalisation ou les pentes plus ou moins raides des chemins sauvages de forêts d'altitude, avancent, debout, tête haute, heureux d'aller travailler comme de rentrer chez eux ensuite, vivants et en forme ! Pendant que de pauvres gens hospitalisés sont condamnés à passer trop de temps allongés, parfois même dans la démarche volontaire de se rendre aux urgences que l'on souhaite quitter très vite par définition. Si l'état avait été évalué comme pas très alarmant, il y a le généraliste. Personne ne souhaite coucher à l'hôpital. L'hôtel d'accord pour dormir dans de beaux draps, devant un chouette panorama et le soir, manger un bon repas, mais l'hosto ? Déjà que personne n'est jamais certain à 100 % d'être remboursé par la sécurité sociale et sa mutuelle, on y va rarement pour un rhume des foins… On est juste pressé de rentrer chez soi après un « raccommodage » express mais sans risque d'une horrible cicatrice à la place d'une grave coupure, d'un « refroidissement » correctement administré même après une profonde brûlure d'accident domestique, ou d'une splendide « soudure » réalisée à coups de perceuse, vis, ou juste d'un plâtre.

On fait confiance aux médecins qui, l'air de rien, doivent aussi être de bons maroquiniers, climatologues, électriciens, mécaniciens ou maçons : avoir le compas dans l'œil en somme pendant que les patients stressent d'entendre les autres gémir ou s'accumuler de l'autre côté du mur. Mais non, malgré tout ce savoir-faire, des « blessés » restent une journée entière ou une nuit sur un lit dans un couloir comme s'ils étaient punis, sans décider d'un seul coup de partir en courant pour retrouver enfin le confort de leur propre lit, et tant pis pour le tête-à-tête avec le toubib'…

Cloués au lit aussi, des jours entiers, comme des astronautes dans un drôle d'entraînement à un séjour dans l'espace, les très nombreux occupants des chambres de l'hôpital essentiellement présents pour problème de transit thoracique ou abdominale : les aliments et liquides qui passent mal dans le tube digestif (problème jusque pour faire ses excréments à la fin !) et les voies urinaires, l'air qui circule difficilement plus haut dans des poumons encrassés, ou même un bébé « coincé » ou péniblement expulsé de l'utérus, mêmes soucis tout ça… de transit ! De quoi faire péter un câble au cerveau, ces problèmes qui, naturellement, ne s'arrangent pas avec une gravité plus forte à l'intérieur de l'hosto qu'à l'extérieur. Il reste toujours difficile d'être satisfait d'avoir fait un « beau caca » quand on ne s'est quasiment pas levé de son lit et qu'on a même mangé dedans, mis au régime forcé du plateau-repas devant un petit écran de télévision payant en plus ! En même temps, l'hosto c'est pas le restau… Voilà pourquoi on finit par avoir mal aux fesses en station allongée là-bas ou trop longtemps assis dans son lit : si, si, ça finit en escarres pas beaux à voir, sans parler des risques de se choper des maladies nosocomiales à la sortie. Aucune intimité en plus entre les infirmières et les médecins qui entrent, sortent, pour parler des repas difficiles à avaler à cause des médicaments qui font perdre l'appétit, et de la salle de bains glacée ou de la chambre trop chauffée qui n'incitent pas à aller « à la selle »…

Allongés pour dormir, les bien portants peuvent faire de beaux rêves et être heureux de se lever le lendemain, avant d'aller marcher et travailler peut-être, assis toute la journée ensuite ? Quand les malades peuvent avoir l'impression du matin au soir d'agoniser, cloués dans un lit d'hôpital qu'ils rêveraient de quitter, juste pour aller marcher un peu. Tout est relatif, mais les astronautes à l'entraînement connaissent bien les inconvénients de ces deux postures. Sans parler de la difficulté de tenir accroché à un matelas – peu importe sa qualité – dans l'espace… Vous n'êtes pas astronaute ? L'hippocampe non plus, mais il reste debout dans l'eau, caché dans un tapis de posidonies, l'équilibriste…

Il stationne debout, avance debout, mange debout ! C'est sûr, à terre, nous les bien portants, êtres pensants, debout, en marchant, nous avons quelque chose à voir avec l'hippocampe. Le « cheval de mer » a su évoluer avec son temps, modestement, dans son milieu tout vert sous-marin, ses feuilles de posidonies qu'affectionnent les tortues à écailles, connues pour avoir un excellent GPS dans la tête.
Même si je ne passe pas ma vie à plonger comme l'hippocampe sous la surface, j'essaie aussi parce que c'est bon pour ma santé de passer plus de temps debout qu'en position allongée…

Et je n'oublie pas que marcher sur un sol à l'horizontale implique de porter des chaussures adaptées, idem pour la randonnée sur un chemin en pente ou la danse qui oblige à forcer plus sur les jambes (sans risquer la fracture). Pensez à l'angle d'inclinaison du corps de Michael Jackson dans *Smooth Criminal* ! Enfin, si je veux être à l'aise sans risquer de m'abîmer le dos lorsque je suis debout en train de faire la cuisine, j'investis dans du mobilier (plan de travail, table, chaises, etc.) qui correspond à cette hauteur.

MUSCLÉS AUTOUR DES REINS COMME LES CROCODILES

« Un conciliateur, c'est quelqu'un qui nourrit un crocodile en espérant qu'il sera le dernier à être mangé. »

Winston Churchill

Dans l'eau, quand il ne se laisse pas porter immobile et raide comme la justice ou un tronc d'arbre en surface, les ondulations horizontales du crocodile – américain, de Cuba, de l'Orénoque, du Nil, de Nouvelle-Guinée, des marais ou marin – sont d'une grande classe. Pourtant, le monstre aux pattes et à la peau épaisses pèse son poids… Reptile au cuir écailleux imperméable, pour se permettre de telles courbures avec son corps – même si, en milieu aquatique, la souplesse est toujours plus facile – il possède une colonne vertébrale et des articulations souples. Malgré une taille impressionnante, et des muscles au niveau du dos et de la sangle abdominale, puissants et « tendres » à la fois, il a une aisance évidente pour la natation en ri-

vières au cours lent et dans les marécages qu'il fréquente. Le crocodile marin est celui de cette famille reptilienne qui ose aller le plus loin en s'aventurant carrément en mer puisqu'il supporte même un long séjour en eau salée (sel ou chlorure de sodium, NaCl) que son épiderme absorbe et que ses reins doivent en partie gérer. Les reins, organes de filtration liquidiens du corps de ce grand vertébré semblables du point de vue fonctionnel aux poumons, filtreurs d'air, eux, et si proches du sol (comme les bivalves sauf que ces coquillages qui filtrent l'eau de mer sont des invertébrés qui vivent, mangent et respirent sous la surface)…
Hé oui, les reptiles presque allongés sur terre se mouillent volontiers, mais conservent une respiration aérienne. Ils font pipi aussi, comme les mammifères terrestres ou presque, puisque les humains peuvent uriner debout à la verticale ou assis sur le trône.

En plus, ce beau nageur de croco' a, comme ses cousins serpents marins, des glandes à sel sur la langue qui se chargent de rejeter le trop-plein… de sel… Objectif de cette excrétion ? Pareil que chez nous : limiter la déshydratation (les pertes d'eau) et maintenir dans l'organisme un équilibre entre ces minéraux utiles à doses raisonnables que sont le sodium (transmission de l'influx nerveux, contraction musculaire) et le chlorure (équilibre entre la quantité d'eau entre l'intérieur et l'extérieur des cellules, la régulation du pH sanguin, la fabrication d'acide chlorhydrique par l'estomac, etc.).

Les tortues marines qui « boivent » l'eau salée des océans qu'elles traversent, ont aussi des glandes d'osmorégulation à l'intérieur des fosses nasales, de la même façon que l'iguane des Galápagos, et les oiseaux habitant en bord de mer ou adaptés aux climats extrêmement secs exigeant de drastiques économies d'eau pour la survie. Quant aux requins et raies, à la peau à denticules parfois d'apparence soyeuse mais abrasive comme du papier à poncer et au squelette cartilagineux adapté à leur rapidité de locomotion sous la surface, eux portent des glandes à sel au niveau du… rectum ! En résumé, sur le plan du système d'excrétion : c'est nez pour les reptiles et les oiseaux, « postérieur » pour les poissons à squelette cartilagineux, branchies pour ceux à squelette osseux… Et calculs rénaux pour vous, messieurs, dames, si vous mangez, fumez et buvez n'importe quoi sans bouger assez !

Encore qu'un gnou peut comporter un peu de gras autour de l'os, le croco' mange de préférence de la viande assez maigre en graisses : crustacés, mollusques, poissons, oiseaux, antilopes, gnous, zèbres, buffles et même jeunes crocos d'autres nids, et plus rarement cadavres en décomposition. En fin de compte, son alimentation est liée aux opportunités en fonction de sa faim… L'animal effrayant, qui n'invite pas d'emblée à l'envie de s'approcher pour taper la discute, peut emmagasiner un peu d'énergie au soleil sans être trop embêté… Il peut aussi marcher à un rythme

lent puis accélérer car en carnivore malin et économe, il saisit l'opportunité quand elle se présente. Il bondit ainsi sur sa proie qu'il déchiquette dès la première morsure grâce à ses nombreuses et belles dents. Pas de dentiste dans le coin donc, il se débrouille.
La lenteur du reptile, entrecoupée de soudaines accélérations lors de parties de pêche ou de chasse, de séances de natation et de longues périodes de récupération au calme à terre, font du croco' un sportif complet, à l'espérance de vie de presque un siècle !

Voilà, en somme, si vous êtes musclés du dos avec d'honnêtes abdominaux devant, tout va bien pour vous qui lisez paisiblement cette histoire de reptiles. Et avec un classique 12/8 ou 11/7 de tension, c'est parfait, mais pas pour une balle de match ! Dans votre cas, vous souffrez beaucoup moins de maux de tête que les autres, hypertendus en permanence. Et par définition, vous êtes moins énervé et moins tendu que les autres. C'est simple, leurs éternels conflits intérieurs, familiaux, etc. vous débectent – et vous êtes loin, très loin de leurs sempiternelles plaintes, problèmes de libido, risques d'impuissance qui affectent les hommes et du coup les femmes qui ne sont plus excitées au lit, problèmes pulmonaires, AVC, infarctus, etc. Quelle chance !
Les médecins, urgentistes, infirmières et pompiers craignent, eux, par-dessus tout, leurs problèmes d'hypertension artérielle. Ces énervés du bulbe, tendus comme

des arbalètes, qui engorgent volontiers les services à l'hôpital au point de tout désorganiser, de carrément « foutre le bordel » diraient sans détour ceux qui ont le malheur d'y travailler aux périodes-clés de l'année.
Sans même parler de la cigarette qui crame les parois des tuyaux – quelle boucherie à l'intérieur ! – inflammation continue des artères qui finit par provoquer la réduction de la disponibilité en oxygène dans le sang – l'essoufflement prouve que les organes souffrent de ce déficit – tabac donc, facteur aggravant de l'hypertension dont on nous rabâche qu'elle est surtout liée à une mauvaise alimentation beaucoup trop riche en sel.
Alors, si vous rajoutez du sel dans tous vos plats et que vous n'êtes ni un poisson, ni un reptile, ni un sportif, vous comprenez que si pour un fumeur, les poumons se carbonisent, pour un « saleur », les reins morflent ! La vessie en aval morfle aussi, et le myocarde (le cœur) même et surtout endurci par tant de mauvais traitements s'épuise trop vite. Et il n'est pas que l'organe auquel on pense lorsqu'on a besoin de tendresse ou que l'on souffre d'un chagrin d'amour. Le cœur est aussi un muscle en position centrale du corps qui propulse le sang nourricier et oxygéné en périphérie vers les tissus de l'ensemble de l'organisme grâce aux vaisseaux… Faut-il développer davantage pour que les gens comprennent à quel point il est vital d'entretenir son cœur et de le conserver entretenu jusqu'à sa mort pour vieillir heureux ?

Trop de pression dans le liquide rouge plus ou moins visqueux, et le cœur comme les autres organes ne peut supporter l'épreuve. Les reins peuvent être touchés, ces filtres en forme de flageolet géant dont les gens suggèrent de faire don pour une greffe et éviter ainsi d'atroces et fréquentes séances de dialyse aux pauvres malades qui ont subi l'ablation ou la destruction d'un rein… Halte à l'immobilisme : faites le croco' où vous voulez, dans l'eau, au soleil ou au sol, tonifiez votre dos, vos épaules, vos bras et tous les muscles qui ceinturent l'abdomen, protègent le cœur sous la cage thoracique, un peu plus bas les reins et l'ensemble du tube digestif.

C'est peut-être parfois difficile mais j'essaie de rester souriant, comme un reptile, sûr de moi, heureux et reposé à la lumière du soleil, gracieux dans l'eau à la piscine ou en mer, musclé du torse (même si ça ne se voit pas, le croco' pourtant si lourd n'a pas non plus l'anatomie marquée de Rambo…). Bon, il faut que je m'entraîne, même si je dois en passer par de douloureuses séances d'abdos, et de plus fréquents rapports sexuels. À deux et amoureux, c'est beaucoup mieux et plus facile d'être sportifs !

APNÉISTES COMME LES DAUPHINS

« Le bonheur pour une abeille ou un dauphin est d'exister. Pour l'homme, c'est de le savoir et de s'en émerveiller. »

Jacques-Yves Cousteau

Les poissons osseux et cartilagineux – raies, requins – respirent et vivent en permanence dans l'eau, donc quand l'oxygène y arrive en quantité suffisante pour passer par leurs branchies (dans le cas contraire, exactement comme en aquarium, dans les rivières asséchées par le réchauffement climatique, dans les zones mortes des océans dont le nombre a quadruplé depuis le milieu du XXe siècle, ils meurent asphyxiés).

Les mammifères marins, eux, ont une respiration pulmonaire à l'instar des crocos. Ils ne peuvent pas respirer sous la surface dans le sens où on l'entend pour les poissons… Sauf les hommes-grenouilles, ces plongeurs vêtus de fines combinaisons en néoprène et équipés sur le dos de bouteilles d'air comprimé ou de recycleurs. Que les dames se rassurent, il est possible aussi de croiser des femmes-grenouilles dans certaines eaux du globe jusqu'à -30, voire -45 m.

Femmes-grenouilles comme il existe des sages-femmes hommes dans les maternités où la respiration d'ailleurs est la première fonction physiologique contrôlée chez les humains… Celle de la mère avant l'accouchement qui peut s'éterniser – des heures à l'hôpital ! – avant l'expulsion du nouveau-né. Celle de ce si jeune être qui vient ajouter son premier cri à ceux de milliards d'autres avant lui. Il faut en effet s'assurer très vite de sa capacité à supporter ce passage respiratoire si difficile du milieu protégé d'où il sort (le liquide amniotique de l'utérus maternel) vers « l'envolée » forcément aérienne dans les bras de la sage-femme puis, celle du père peut-être. À moins qu'il ne tombe dans les pommes de bonheur avant ou pendant – ah ! La délivrance, et l'expulsion sanguinolente du placenta – devant un personnel soignant masqué, mais suffoquant de rire après plusieurs accouchements à la chaîne ? Il est vrai que trop de monde dans une pièce, et hop, l'impression de manquer d'oxygène comme dans ces zones des océans en hypoxie se fait sentir : on peut vite perdre pied, même pour un homme.

Pour l'apnéiste, c'est pire. Lui ose plonger à la verticale, tête la première, sans réserve d'air autre que celle de sa capacité pulmonaire, et faisant subir à son corps l'impression d'être comprimé de plus en plus avec la pression croissante de l'eau. C'est dire si un mètre de plus ou de moins compte dans cet état : les poumons et autres organes creux n'étant pas compressibles à l'infini, il y a de quoi y rester, sauf lorsqu'on s'entraîne régulièrement et que l'on est capable de se fixer des limites raisonnables. Cela dit, il est possible de mourir aussi en plongée, détendeur en bouche, en respirant gentiment relié à sa bouteille de plongée même à -10 m dans des eaux limpides à cause d'un mauvais mélange gazeux. Satané centre de plongée ou pollution de l'air ? Il ne faut jamais plonger seul, mammifères terriens ! Pourtant, les marins le font volontiers… Mais l'anatomie et la physiologie des cétacés à dents et à fanons se sont adaptées aux contraintes imposées par les écosystèmes côtiers et océaniques. En premier lieu, leurs voies aériennes : la bouche et surtout le « nez » devenu évent composé d'une seule narine à clapet chez les dauphins, de deux chez les baleines, qui leur permet de respirer l'air en surface, puis de sonder comme des sous-marins ! La pollution sonore sous la surface peut d'ailleurs perturber l'audition et la réception des sons des cétacés à dents ou odontocètes (marsouins, dauphins, orques, bélugas, narvals, globicéphales, cachalots) qui échangent ou chassent d'ailleurs par ultra-sons via une technique appelée « écholocalisation ». Les mysticètes, cétacés à fanons, sont moins affectés par ce type de contamination des océans, invisible pour nous, car les baleines attrapent le plancton, en fonçant dans la masse, « four » grand ouvert à la façon des grands requins pèlerins en Méditerranée…

Mais soyons honnêtes, la majorité des Terriens n'a guère envie de se pencher sur les problèmes d'oreille, chant, communication et régime alimentaire des cétacés. Pourquoi ? Parce qu'ils se souviennent des images terrifiantes de *Titanic*, le film aux 14 Oscars de James Cameron, sorti au cinéma en 1997, en connaissent l'histoire réelle qui les hante peut-être toujours inconsciemment un siècle plus tard. Environ 700 personnes survivront à ce naufrage grâce à leur résistance au froid et à la qualité de leurs vêtements peut-être, aux rameurs dans les canots de sauvetage et à l'intervention des « secouristes de fortune » d'un autre paquebot transatlantique britannique de 170 m de long : le Carpathia, torpillé 6 ans plus tard lors de la Première Guerre mondiale le 17 juillet 1918… Dans l'horreur, la panique, tous les autres meurent, grelottant dans leurs gilets de sauvetage ou noyés, sans, et probablement assez vite dévorés par des bêtes plus terrifiantes que celle des *Dents de La mer*, le film de Steven Spielberg sorti en 1975.

L'eau salée des mers et des océans, comme l'odeur de Javel des piscines municipales, continue de faire peur à l'humanité… Et cela ne devrait pas s'arranger avec le changement climatique global qui n'épargnera pas les pôles glacés, Nord et Sud, de la planète. Tremblons en imaginant chaque siècle, chaque décennie, chaque année, chaque mois, chaque jour, le niveau des océans monter comme celui de l'eau douce avec nous si lourds à l'intérieur de la baignoire ! Peu importe les chiffres cités, 2025, 2050 ou 2100, ils sont forcément effrayants pour ceux qui espèrent ou sont supposés être encore en vie ces années-là : un bébé né en 2018 sera un gaillard de 82 ans en 2100… Pour la génération soixante-huitarde aujourd'hui grands-parents, ce gros problème ne leur a peut-être pas sauté aux yeux immédiatement. Pourtant, le commandant Cousteau commençait déjà à envoyer des signaux, retrouvés plus tard dans les émissions phares et prises de relais d'*Ushuaïa* de Nicolas Hulot (TF1), *Thalassa* de Georges Pernoud (France 3) ou *Carnets de plongée* de Francis Le Guen (France 5) : preuve que la génération *Grand Bleu* de Luc Besson (1988) s'est montrée beaucoup plus sensibilisée que leurs parents à l'écologie et aux problèmes rencontrés par une mauvaise gestion de l'eau sur la planète bleue, comme de la nécessité de savoir respirer et nager pour éviter la noyade, même en surface…

Toujours plus sombre et oppressant quand on descend, même avec des combinaisons et de bons équipements… La mort rôde pour les Terriens que nous sommes si peu entraînés aux conditions extrêmes. Au fond, le désert marin où il fait nuit et froid en permanence ne voit passer que de rares créatures gigantesques ou franchement minuscules mais toujours à tête monstrueuse. Peut-être un squale aussi grand qu'une baleine – pire qu'un blanc, et si le mégalodon du temps des dinosaures et des reptiles marins, comme le mosasaure vu dans *Jurassic World : Fallen Kingdom*, était toujours vivant et en compétition avec le cachalot pour chasser le calamar géant des abysses ? Parfois lui peut être en compétition dans vos assiettes avec les anneaux d'encornets, seiches et petits calamars, cuisinés à la provençale ou frits ! Imaginez l'état des filets des pêcheurs…

Les gens ont donc raison d'avoir peur de la flotte ! D'ailleurs, ils se plaignent même de la pluie alors qu'ils usent et abusent de l'eau potable sortie des robinets et du pommeau de douche dans la salle de bains ou à la plage l'été. Par vengeance pour son côté meurtrier – la canicule, ça use – ou manque d'éducation, civique, écologique ? Allez comprendre où s'est perdu le bon sens de la masse dans ce gaspillage d'eau si difficile et coûteuse à filtrer, extraire ou récolter sur notre brave « planète bleue ». Et n'essayez pas de fuir sur Mars si vous craignez les bains et les douches – le voyage coûte trop cher et surtout, vous perdrez un temps fou dans l'espace – investissez plus simplement dans des vaporisateurs d'eau (pas pour vos plantes d'intérieur !). N'oubliez pas non plus que les protéines de kératine de vos cheveux ne réclament pas un shampoing quotidien. Surtout si vous avez la chance d'habiter un havre de paix où l'air, l'eau et la terre ne sont pas contaminés aux métaux lourds, pesticides et autres liquides industriels colorés – pas toujours blancs comme du lait – tombés malencontreusement dans la rivière près de chez vous… Pas d'apnée dans ces eaux-là, SVP ! Mais admirez au moins les fêtards du premier jour de l'année se jetant à corps perdu dans le jus de l'océan à 15 °C quand leur « milieu intérieur » est supposé se maintenir à 37 °C, sauf en cas de fièvre, trempage en cuve bouillonnante de bulles en cure thermale pour ralentir la « vieillerie » et réduire les rhumatismes, ou en période caniculaire même en bord de mer ? Acide, l'avenir dans l'eau ? Ou gras : après tout, on pourrait aussi fondre comme des boules de glace à la crème sur leur cornet avant la fin du siècle, et seuls les plus ronds d'entre nous laisseront une trace de leur passage sous forme de « nappes » de graisses plus écœurantes que celles d'hydrocarbures en cas de marée noire ou de crèmes solaires les week-ends de juillet-août dans le Midi…

Par contre, des noyades chez nous, il y en a de plus en plus, et pas juste dans les chambres d'hôpitaux où l'on peut dire littéralement que les gens se noient dans leur lit, plus exactement dans leurs poumons pour les plus atteints de maladies respiratoires ou cancers sous chimio, dont les poumons finissent par se gorger d'eau.

À la plage ou à la piscine aussi, les sauveteurs peuvent être dépassés et prendre de plus en plus de risques pour aller sauver les mauvais nageurs… Quant aux maîtres-nageurs justement, comment peuvent-ils surveiller autant de monde amassé chaque année aux mêmes endroits aux mêmes périodes et pour la plupart si nuls dans le maniement et la coordination de leurs bras et de leurs jambes ? Les pauvres ne marchent plus, restent assis dans des fauteuils toute la sainte journée à n'utiliser que le bras droit pour tenir leur téléphone portable, d'une seule main s'il vous plaît et y bidouiller des trucs avec le pouce et l'index de l'autre ! Alors, ils n'ont pas le temps pour la natation, ou être préparés au violent choc thermique (grand écart de température entre l'eau et l'air qui tue aussi chaque année), à la maîtrise du crawl qui pourrait sauver la vie à bien des bipèdes dans les situations d'urgence, du dos crawlé dans les mégacatastrophes où elle ne tient plus cette fois qu'à un fil, ou de la brasse pour rentrer gentiment tout en prenant un réel plaisir à la baignade sportive. La nage papillon, elle, est jolie à regarder en compétition, mais épuisante…

Voilà, et pour plonger tête la première, il faut essayer de vider l'air de ses poumons (en espérant qu'ils ne soient pas encrassés de tout un tas de saloperies, goudron du tabac compris) et ne pas paniquer par ce manque d'oxygène provoqué de façon volontaire par le cerveau, ce héros mais pas chez tous… Les dauphins en forme de torpille à peau lisse n'ont pas tant à penser, eux qui vivent en permanence dans le milieu marin. Plus besoin de bonnet de bain, ils n'ont pas ou plus un cheveu sur le caillou quand les baleines ont encore quelques poils au menton, vestiges de l'existence de lointains ancêtres mammifères terrestres...

Théoriquement, enfin si les eaux dans lesquelles ils se promènent ne sont pas bourrées de rejets industriels toxiques issus d'activités humaines, ils n'ont ni problèmes de peau, ni de respiration. Non-fumeurs (!), les dauphins sont supposés avoir d'efficaces poumons, et être aussi bons nageurs que plongeurs en apnée. Si un incident ou une maladie diminue leur autonomie au point de réduire leur liberté de mouvements, leur flottaison et leur respiration, ces animaux si intelligents qu'ils sont capables de se suicider en captivité juste pour échapper à l'asphyxie, triste sort au contact des congénères qui leur sont imposés dans l'aquarium publique, préféreront probablement aussi en liberté le suicide, même assisté de camarades ou membres de leur famille pour abréger leurs souffrances s'il le faut. Il reste décidément beaucoup à découvrir sur la plongée, la natation et l'apnée chez les dauphins, jeunes et âgés, malades ou en bonne santé, comme chez les humains...

Un corps humain adulte comporte 65 % d'eau, ce n'est pas une raison pour abuser de « l'or bleu ». D'autant plus que la préparation en cuisine des aliments et la consommation de boissons à table viennent ajouter leur grain de sel à la capacité de filtration des reins et de déstockage de la vessie. Personne n'aime les infections urinaires ou les impressions de brûlures dans le bassin, pas toujours liées aux épisodes de réchauffement climatique...
Je consomme chaque semaine du poisson et des fruits de mer, ne serait-ce que pour me souvenir de mon statut de Terrien sur la planète bleue ! Heureusement, j'ai voulu apprendre très tôt à nager et à supporter de mettre la tête sous l'eau avec des lunettes de bain ou un masque de plongée en piscine. Et puis, l'aquagym ou la randonnée palmée en vacances, c'est bon pour l'endurance. Mais pour augmenter ma capacité pulmonaire, rien de tel que la marche, le vélo, le tennis, le ski ou les courses à pied.

L'ESPRIT D'ÉQUIPE COMME LES ÉTOURNEAUX

« En étant champions du monde, on est mis en lumière. Je le suis grâce à mes joueurs. C'est le mérite des joueurs avant tout, mais je suis très fier de mon équipe. »

Didier Deschamps

Noirs, avec un poids allant de 60 à 96 g chacun, des chiffres qui comptent en vol pour les étourneaux qui réalisent leur ballet du soir ! Bon sang, mais que mangent ces oiseaux pour être aussi nombreux et en même temps se déplacer en ne formant qu'un sans télescopage dangereux ? Le cerveau de chaque étourneau semble connecté à celui de tous ceux du groupe sans pour autant qu'il en perde son individualité : chacun sa place, chacun son rôle et forcément dans le respect des uns des autres. Y a-t-il un chef d'orchestre pour harmoniser l'ensemble ? Personne pour répondre à cette question un peu métaphysique, on en saura plus si un jour la science démontre que la télépathie existe, pas seulement entre les humains, mais pourquoi pas entre les humains et les animaux…

Sachant que les oiseaux sont les descendants des dinosaures, il est intéressant de savoir ce qu'ils picorent pour arriver à voler ensemble si vite et si parfaitement : ce qui suppose une dépense d'énergie individuelle et collective très importante. Hé bien justement, à la nuit tombée, ils chassent en famille et en groupe donc les insectes ! Ce qui ne les empêche pas d'apprécier aussi d'autres invertébrés terrestres (araignées, vers, larves de mouches, arthropodes des laisses de mer sur le littoral, etc.), les petits fruits type cerises, grains de raisin ou olives, et même de débarrasser les déchets des humains qu'ils trouvent sur les centres d'enfouissement techniques… Bref, des calories d'origine diverse, animale et végétale, qui leur permettent de garder cohésion et sens de l'orientation, il est toujours impressionnant d'observer le changement de cap d'un groupe en ce qui semble être une fraction de seconde sans fausse note ! Si vous avez besoin de vous faire une idée de cette performance, pensez aussi au ballet aérien exécuté régulièrement chaque été par les pilotes de la célèbre Patrouille de France, comprenez qu'il est préférable qu'ils mangent tous le même repas pour éviter par exemple une diarrhée de l'un ou de l'autre en plein vol, état de déshydratation aiguë transitoire mais dangereux qui pourrait ponctuellement non seulement gâcher une figure prévue et imposée, ou pire provoquer un accident – une collision flamboyante et mortelle à cette vitesse – sous les yeux effarés des spectateurs du show aérien... L'harmonie et l'esprit d'équipe sont donc au moins aussi essentiels pour les étourneaux que pour les humains, dans le ciel comme à terre, c'est probablement pourquoi nous pouvons tous être fiers de nos Bleus, nous Français, qui les avons soutenus pendant la Coupe du Monde 2018 comme en 1998. Merci Didier Deschamps, les Bleus et sûrement les sucres lents (pâtes, pizzas, riz, gaufres ?) qu'ils ont ingérés attablés tous ensemble à chaque repas durant toute la compétition...

Il n'est pas utile d'aller jusqu'à penser à la survie de l'espèce humaine dans chacune de mes actions. Toutefois, à chaque repas ou à chaque sortie sportive, il est important de s'intéresser un minimum à ce qui intéresse, voire passionne, les autres pour conserver une certaine forme d'esprit d'équipe, de compétition aussi du coup, et cultiver... un certain sens de l'humanité, en somme !

RÉACTIFS COMME LES GUÉPARDS

« Il faut que tout change pour que rien ne change. »

Alain Delon

Dans les documentaires qui essaient toujours de tirer la sonnette d'alarme sur les espèces menacées par la pollution, la réduction du nombre de leurs proies ou de leurs végétaux préférés ainsi que de leur territoire dévoré année après année par les villes en expansion, on prend souvent le guépard en exemple. Peut-être parce qu'il court si vite qu'il est supposé, tel un super-héros, être capable d'empêcher le pire ?

Fight-or-flight, selon la théorie : en résumé, la fuite ou le combat quand il est question de survie… Reste à savoir dans la société humaine s'il est raisonnable pour un individu de se battre quand il est un poids plume face à un plus gros que lui capable de le défigurer et de réduire son adversaire en bouillie en un seul coup de poing. Dans ce cas, il n'y a pas trente-six solutions, soit il faut s'enfuir en

courant, soit être beaucoup plus riche parce qu'en ce bas monde, l'argent achète encore tout.
Au guépard entre autres, fauve sublime au regard ocre et au pelage constellé de taches noires unies, toujours décrit comme le mammifère terrestre le plus rapide au monde ! Les images révèlent alors le rôle, insoupçonné lorsqu'il est tranquillement assis dans les grandes herbes, de sa longue queue lors de la gestion de la course et de l'équilibre au moment d'une attaque. Le guépard est tout de même question vitesse de pointe à 110 km/h, celle à laquelle vous roulez quand vous êtes seul ou à plusieurs en voiture sur une voie rapide ou sur l'autoroute… Ce qui ne signifie pas que l'animal peut courir sur des kilomètres à pleine vitesse, mais que sur une très courte distance, il est très performant : un avantage pour la chasse comme pour la fuite si besoin. Encore faut-il savoir freiner à temps devant la proie ou le danger, et accepter de reprendre son souffle après un effort aussi intense : il lui faudrait un bon quart d'heure de repos avant de pouvoir courir à nouveau.

Non pas que le guépard soit une brêle en endurance, il a juste l'intelligence de saisir les opportunités lorsqu'elles sont belles et à sa portée. Probablement son organisme est-il conçu pour dépenser beaucoup d'énergie d'un seul coup sans trop en gaspiller dans la durée ou dans la journée. On trouve le guépard en Afrique noire, au sud du Sahara dans la savane. Autrefois, ce félin taillé pour la chasse vivait aussi en Iran et

on le trouvait jusqu'en Inde... Maintenant, on pense à lui de temps en temps en France quand on voit un imprimé léopard sur le vêtement ou le sac à main d'une jolie femme en train de marcher : difficile de dire si cette vision « urbaine » donne envie d'enfiler les baskets pour tenter le sprint et en fin de compte, de se mettre au sport, mais si oui, tant mieux !
À noter que le léopard (ou panthère), chasseur solitaire crépusculaire ou nocturne aux yeux vert d'eau qui aime grimper aux arbres, plus répandu que son cousin, est présent de l'Afrique à l'Asie du Sud-Est, et moins rapide (60 km/h), et a un pelage moins épais que le guépard, tout comme le jaguar (50 km/h) qui lui vit en Amérique centrale et du Sud.

Même dans un monde dit civilisé, j'essaie de garder de bons réflexes en restant à l'écoute de l'environnement et de ses changements (couleurs, odeurs, sons, etc.). La vigilance, pas uniquement en milieu sauvage où les prédateurs et les éléments naturels peuvent surgir ou se déchaîner quand on ne s'y attend pas, est une qualité à cultiver, à l'heure des repas ou en dehors. En ville ou en voiture sur une route très fréquentée ou déserte, il faut parfois savoir accélérer à l'instant T pour survivre à l'imprévu ou au danger auquel, par définition, malgré les panneaux de signalisation, on n'était pas préparé...

VOYAGEURS COMME LES HIRONDELLES

« Une hirondelle en ses voyages
avait beaucoup appris. Quiconque a beaucoup
vu peut avoir beaucoup retenu. »

L'Hirondelle et les petits oiseaux, Jean de La Fontaine

Un poétique titre de film sorti en 2001 au cinéma disait « Une hirondelle a fait le printemps ». Joli, hélas, ceux qui ont connu la belle époque des hirondelles qui venaient faire leur nid dans la cave de la maison familiale ont eu le malheur d'assister à la « lente » disparition de ces petits oiseaux noir et blanc à tête rouge, mais pas vraiment souriants…

Autrefois, on attendait comme des messies ces animaux migrateurs des airs qui allaient d'Afrique en Europe où ils trouvaient du réconfort dans les écuries, les étables, les granges ou les caves donc, modernisation des fermes et des habitations oblige. Entendre gazouiller ces adorables piafs alignés sur les fils électriques et téléphoniques, sans doute pour se raconter les derniers potins du village était un plaisir difficile à décrire sans le son ici.

Et encore, ne s'agissait-il là que de discussions entre adultes ou juvéniles. Le summum du plaisir était, en allumant de temps en temps la lumière dans la fameuse cave, ou juste en ouvrant la porte en bois du garage pour y laisser pénétrer quelques rayons de soleil, de tendre l'oreille aux cris des oisillons, bébés persuadés qu'il s'agissait de l'arrivée de quelque chose à becqueter. Oui, mais quoi ? On racontait déjà que les hirondelles, si frêles et fuselées – environ 18 g pour une hirondelle rustique, le double pour un martinet –, avaient parcouru un voyage extraordinaire et pourtant annuel, sacré vol régulier, de 10 000 km entre l'Afrique et la France, chaque année, la même migration pour revenir au même endroit où construire un nid… chez des humains ! D'un pays « noir » où le soleil est connu pour taper très fort à un pays « blanc » où il cognait moins fort…
Oui, mais voilà, dans les années 1980, on ne se souciait pas encore de l'usage intensif des insecticides en agriculture, et encore moins d'un soi-disant réchauffement climatique à venir, chez les humains en tout cas. Alors que chez les animaux ? On devait bien sentir les écarts de température, d'humidité, de pression, de nourriture disponible, etc. Et les corps de ces minces et agiles bêtes à plume étaient donc

capables de supporter l'adaptation nécessaire au passage des différents pays à traverser, peut-être en jeûnant un peu parfois, à ce poids-là ? Quel sens du sacrifice et quelle vitesse aussi, quand on sait que les parents sont capables de faire 400 allers-retours en une journée pour ramener les « récoltes de leur chasse aux insectes » aux oisillons impatients mais entassés au chaud dans le nid accroché au mur juste sous le plafond. Nid construit en une semaine à partir de boue récupérée au bord d'un plan d'eau, ramenée sous forme de boules par les hirondelles, ce qui donne l'aspect granuleux de la paroi du nid en demi-cercle consolidé par des herbes sèches. Dans ces 200 et quelques grammes de terre sèche ensuite, les œufs seront pondus par la mère et l'éclosion ne donnera pas toujours une chance à tous les petits de survivre. Il était fréquent d'y trouver des morts, de froid peut-être : la scène était triste à pleurer, mais la perpétuation de l'espèce exige de faire de petits résistants capables un jour eux aussi de voyager loin et de retrouver leur chemin…

Certes, je peux voyager de chez moi, même en étant propriétaire, à peu de frais, simplement en allumant la télévision ou en regardant une vidéo de quelques minutes diffusée sur YouTube consultable sur le petit écran de mon Smartphone… Mais honnêtement, rien ne vaut le plaisir d'avoir travaillé dur pour mériter de s'offrir ensuite un vrai voyage – au moins une fois par an (et pour ne pas ajouter à vos émissions de gaz à effet de serre, préférez-le en train plutôt qu'en avion), histoire de connaître le dépaysement et le bonheur ensuite, plus débrouillard et instruit sur le monde, de rentrer chez soi.

RAPIDES COMME LES LIÈVRES

« Il ne faut jamais se moquer des misérables :
car qui peut s'assurer d'être toujours heureux ? »

Le Renard et l'écureuil, Jean de La Fontaine

Les amoureux des animaux, comme de la poésie, ainsi que les nostalgiques de l'époque des cours de morale à l'école possèdent forcément un recueil des fables de La Fontaine dans leur bibliothèque. Une véritable bible sur la politesse, les devoirs, la politique, l'éducation civique (et physique !), même sur la vie sauvage parfois insoupçonnable miroir de la nôtre… Sans parler de l'exercice intellectuel pour les neurones des petits comme des grands, sans doute très utile comme moyen de prévention dans la lutte contre la maladie d'Alzheimer, que représente la mémorisation de ces passionnantes histoires d'animaux qui parlent, et pas pour ne rien dire ! Il faut juste de bons traducteurs pour décrypter le message fort de chaque fable. Bref, les écoliers et les adultes connaissent moins *Le Lièvre et la perdrix*, « concitoyens d'un champ » parce que le récit semble écrit dans un vieux français parfois difficilement compréhensible à la première, deuxième ou même troisième lecture… Il s'agit tout de même d'une écriture remontant au XVIIe siècle. Louis XIV (1638-1715) est roi de France, devenu chauve brutalement à l'âge de 20 ans en raison dit-on d'un traitement contre la fièvre typhoïde, et est surtout à l'origine de l'extension de la construction de l'incroyable château de Versailles…

Nous sommes à l'époque de la monarchie de droit divin qui tombe en 1789 lors de la Révolution, celle où les affamés sans-culottes à bonnet phrygien rouge, « empantalonnés » à rayures bleues et blanches jusqu'aux chevilles issus du petit peuple de la capitale opposés aux aristos (« -crates », pas « -chats ») en « culottes » jusqu'aux genoux, jambes en bas (osons résumer la scène avec une pointe de légèreté, d'un côté, les gars en bonnets rouges et jeans au langage rustique ; de l'autre, les types [et même les femmes] aux cheveux cachés sous de lourdes et coûteuses perruques bouclées enfarinées de poudre de riz).
Des heureux, des malheureux, des pauvres, des riches, des rapides et des lents, pas seulement en raison de costumes plus ou moins adaptés aux situations de lutte ou de fuite comme dans la plus compréhensible et plus célèbre fable du lièvre et de la tortue… On consomme encore aujourd'hui la viande du premier mariné dans du

vin rouge – c'est la recette du civet de lièvre – à condition que les chasseurs ne soient pas trop « bourrés » au moment de viser et tirer sur la bête herbivore à très grandes oreilles, qui sait digérer la cellulose du bois et compte parmi les animaux les plus rapides du monde. Le lièvre brun d'Europe peut courir à plus de 70 km/h, moins rapide tout de même que le carnivore guépard d'Afrique dont les pointes dépassent 110 km/h mais beaucoup plus que n'importe quelle tortue terrestre ou marine ! Pour la défense de ces reptiles trapus qui se traînent en plus d'une lourde carapace la réputation d'être lents, rappelons que ce sont des espèces à sang froid sans poils mais à la proximité familiale évidente plus proche avec les dinosaures contrairement aux mammifères à sang chaud tout poilus, enfin, en situation normale… Reptiles terrestres à la longévité également plus importante que celle des mammifères terrestres.
Autant s'en souvenir, la dernière tortue terrestre à avoir battu un record en la matière est une tortue léopard d'Afrique (!), *Stigmochelys pardalis* de son nom latin, qui a « marché » à la vitesse record de 1 km/h selon un enregistrement officiel du *Guinness World Record*. Elle a parcouru 5,48 m en 19,59 secondes. Quant à la tortue marine, bonne navigatrice, elle est généralement aussi douée en orientation qu'en natation et en endurance – nager sur des centaines de kilomètres pour rejoindre la plage de sa naissance ne lui fait pas peur – mais elle le fait rarement à

plus 35 km/h, à moins de tomber dans un courant marin violent qui accélère sa course ? Ce qui explique peut-être que « rien ne sert de courir ; il faut partir à point » et non « à pont », à condition de savoir où l'on veut aller et de se renseigner sur les conditions météorologiques ou océaniques avant de partir…

Je conserve ma motivation sur la durée, même si je n'ai pas tous les jours une condition physique au beau fixe. En même temps, il ne fait pas soleil chaque matin… Aussi, je m'alimente, me couvre correctement et m'entraîne assez régulièrement pour atteindre l'objectif fixé à une date donnée.

CE QU'IL FAUT RETENIR DE NOS AMIES LES BÊTES

Activités physiques et sport

▶ Je fais davantage d'activités physiques pour augmenter ma confiance et mon estime de moi.

▶ Je pratique quotidiennement la marche, la course à pied, le vélo ou encore le tennis ou le ski en hiver pour augmenter ma capacité pulmonaire.

▶ À chaque repas et sortie sportive, je m'intéresse aux autres pour conserver une forme d'esprit d'équipe et cultiver mon sens de l'humanité.

▶ Même dans un univers civilisé, je garde de bons réflexes en restant à l'écoute de mon environnement et de ses changements.

REMERCIEMENTS

Le premier livre que j'ai écrit est sorti en 2008. Il avait pour titre *Explorations en terre animale.* Il faut croire qu'il y en avait encore beaucoup à raconter sur la découverte de ces territoires peuplés ou dépeuplés de faune, plus souvent volés de sa diversité qu'enrichis d'ailleurs… À l'époque, je travaillais dans un bureau minuscule et mon yorkshire terrier, une adorable petite femelle née en 2007 – oserais-je dire « ma fille » – portant le doux nom de Canelle, m'encourageait et m'inspirait déjà à m'engager plus pour l'avenir de la planète.

De près comme de loin, elle surveille mes faits et gestes comme moi, je l'observe, souvent avec émerveillement, en train de tout inspecter : les fleurs, les herbes, les coquillages et les algues à la plage, et même les crottes de ses congénères ou les mégots et les déchets qui traînent ! Mais elle est trop petite pour les ramasser puis les mettre à la poubelle, et juste assez pour tomber malade si les polluants qui traînent sont trop nombreux dans l'air qu'elle respire.

J'essaie toujours un peu d'y penser et de me chausser correctement, car elle voit plus souvent mes pieds et les souliers des autres que leur tête. Hélas ou heureusement, elle croise des individus de sa taille qui la reniflent parfois, ce qui ne lui fait pas toujours plaisir… Snif, les chiens ne sont pas tous bien élevés !

Discrète, peut-être même sage de son âge, presque toujours tenue en laisse pour ne pas nous perdre quand nous sortons à la rencontre du monde, elle aboie peu, sauf contre les « intrus » qui osent s'approcher trop près du domicile. Elle est la gardienne du temple, l'animal fidèle comme dans le lien qui nous est expliqué dans les poésies et les contes entre l'être humain et le chien.

Avant elle, je l'ai connu avec un cobaye, Poutchi, que j'ai gardé 7 ans, qui m'a accompagnée durant mes voyages en train et mes études à l'université et qui a même survécu quand j'ai déménagé de l'est au sud, quel choc thermique pourtant ! Petite, c'est une perruche ondulée qui murmurait en bon français quelques mots gentils – si ! – et qui me donnait envie de devenir vétérinaire de temps en temps, ou de m'intéresser de plus près à l'émission *30 millions d'amis*, et aussi aux fourmis dans le jardin, aux grillons, aux araignées, aux oiseaux, aux chats errants, au chien des voisins, Lassie, à cheval entre un berger allemand et un husky de Sibérie. Une sorte de loup, quoi…

Et puis, il y avait les hérissons, les écureuils, les cygnes, les canards, les insectes, les champs, la campagne, la forêt, la montagne, une sorte de paradis plus ou moins sauvage dans lequel j'ai grandi. Aujourd'hui, après quelques voyages autour du monde, j'ai appris des océans, par passion pour le monde sous-marin aussi, et sur terre, des gens (parfois sans parler leur langue !), des animaux et des plantes comme à prendre le temps d'apprécier ce qu'il y avait de bon dans toutes ces découvertes. Je vis désormais près de la Méditerranée, dans une ville qui compte quatre arbres par habitant, des pins pour l'essentiel – du coup, il reste quelques écureuils, hérissons et petits oiseaux mais aussi des chenilles urticantes, des cigales et des moustiques tigres entre autres… Côté mer, quand les touristes n'ont pas encore débarqué en troupeaux affamés et dévêtus sous le soleil sur les plages abîmées, on peut retrouver parfois de fragiles restes d'oursins, de bivalves, de crabes ou de poissons qui pourraient nourrir les goélands, mais pas les flamants roses, autres oiseaux emblématiques des étangs salés dans la région. Les dauphins, baleines et requins (même si on ne les voit pas) sont là aussi, l'essentiel est de ne pas l'ignorer… Bref, je dois remercier tous ces animaux qui m'inspirent depuis si longtemps, et surtout ma petite Canelle donc, qui si elle ne s'intéresse pas franchement à la lecture – encore que, elle aime s'allonger devant un rayon très précis de ma bibliothèque, toujours le même… – me voit souvent un stylo ou un crayon à la main. Vive le papier, je ne suis pas encore un robot, mais je suis très souvent devant le clavier de mon ordinateur, prête à cliquer sur ma souris comme d'autres zappent les chaînes sur leur écran de télévision super géant !

J'ai donc l'audace de penser que Canelle s'intéresse sérieusement à mon métier d'écrivain, et mieux, qu'elle y est attentive. Un chien œuvrant à son niveau pour la cause animale au côté d'un humain de cette façon-là aussi, qui sait ? Enfin, comme écrire est un exercice cérébral épuisant parfois, il faut s'aérer les neurones et les muscles. C'est bon pour le cœur, pour les bras, et c'est important pour quelqu'un qui doit utiliser ses deux mains dans son travail… Je dois donc remercier celui qui a été mon coach sportif – et qui lui aussi a un chien ! – tout au long de l'écriture de ce livre, Olivier N., parce qu'il m'a fait marcher, courir et même transpirer quand j'avais besoin de me ressourcer dans la difficulté, de me vider la tête de problèmes extérieurs pour mieux me concentrer sur l'essentiel, l'écriture…

Enfin, un grand merci à toute l'équipe des Éditions de l'Opportun, précisément à Charlotte Sperber pour sa relecture, ses encouragements, Ludmilla pour ses corrections, et à mon éditeur, Stéphane Chabenat.

INDEX

ISBN : 978-2-36075-692-6
Dépôt légal : Juin 2019